L'Ultimo Tabù:

Sessualità, Potere e Libertà Individuale

Introduzione

Presentazione del tema: Introduzione del tema centrale del libro, ovvero la tensione tra libertà personale e controllo sociale, con particolare riferimento alla sfera sessuale e relazionale.

Contesto storico e filosofico: Panoramica delle idee storiche e filosofiche riguardanti l'autonomia individuale e l'intervento dello stato.

1: La Libertà Personale

Concetto di autonomia individuale: Teorie filosofiche che supportano l'idea di autonomia personale, come quelle di John Stuart Mill, libertarianismo, e altre correnti di pensiero.

Storie e testimonianze: Storie di individui che hanno sfidato le norme sociali per affermare la propria libertà sessuale e relazionale, evidenziando le loro esperienze e le conseguenze.

2: Il Controllo Sociale

Norme sociali e leggi: Come le leggi e le norme sociali hanno cercato di regolare la sessualità e le relazioni umane. Analisi delle motivazioni dietro queste leggi, come la salute pubblica, la morale, e il mantenimento dell'ordine sociale.

Critiche e contro-narrative: Le critiche a queste normative, come alcune potrebbero essere viste come strumenti di controllo e dominio piuttosto che di protezione.

3: Il Diritto di Scegliere

Discussione etica: Il dibattito etico sul diritto di scegliere le proprie relazioni e sulla legittimità dell'intervento dello Stato.

Esplorazione di casi studio: Casi storici o attuali in cui le persone hanno lottato per il diritto di vivere la propria vita secondo le proprie scelte, nonostante le leggi o le norme contrarie.

4: Verso una Nuova Comprensione

Visioni alternative: Modelli alternativi di società in cui le libertà personali sono maggiormente rispettate, esplorando le implicazioni pratiche di tali modelli.

Futuro e cambiamento: Come potrebbe evolvere il dibattito sulla libertà personale e il controllo sociale in futuro, considerando le tendenze attuali e le possibili riforme.

6: Il Tabù dell'Incesto

L'Incesto come Tabù: Storia e Contesto

Libertà Personale contro Controllo Sociale

Incesto e Complesso di Edipo: Una Riflessione Critica

Politica, Potere e Il Tabù dell'Incesto

Riflessioni Finali

7: Antropologia del Tabù

Evoluzione dei Tabù Sessuali: Come i tabù sessuali, inclusi quelli sull'incesto, si sono evoluti nel corso della storia e nelle diverse culture. Le ragioni antropologiche alla base di tali tabù e come essi siano stati utilizzati per strutturare le società.

Il Tabù dell'Incesto nelle Culture Primitivistiche e Contemporanee: Un confronto tra le pratiche e le credenze di società tradizionali e primitive con le moderne norme occidentali. Casi di società che non hanno un tabù sull'incesto o che lo interpretano in modo diverso.

8: Aspetti Biologici e Genetici

Rischi Genetici dell'Incesto, Verità e Miti: Un'analisi dei rischi genetici associati alle relazioni incestuose, separando i fatti dai miti. Studi scientifici e ricerche su questo tema, mettendo in discussione le motivazioni biologiche del tabù.

Biologia Evolutiva e Incesto: Le teorie della biologia evolutiva che spiegano perché l'incesto è raro tra gli animali e gli esseri umani, e discussione se queste spiegazioni sono sufficienti per giustificare il tabù.

9: Dimensione Psicologica e Psicoanalitica

Psicologia delle Relazioni Incestuose: Le dinamiche psicologiche che possono emergere in relazioni incestuose tra adulti consenzienti. Come queste dinamiche differiscono da quelle in altre relazioni.

Critica della Psicoanalisi Tradizionale: Una revisione critica delle teorie psicoanalitiche, come il complesso di Edipo, e un confronto con approcci psicologici più moderni che considerano la sessualità in modo diverso.

10: Aspetti Legali e Diritti Umani

Legislazione Comparata sull'Incesto: Come diversi paesi affrontano la questione dell'incesto dal punto di vista legale. Panoramica delle leggi, delle pene e delle tendenze globali riguardanti il tabù dell'incesto.

Diritti Umani e Libertà Sessuale: La questione dell'incesto dal punto di vista dei diritti umani, discutendo se il diritto alla privacy e alla libertà sessuale dovrebbe prevalere sulle leggi che proibiscono tali relazioni.

11: Dimensione Culturale e Mediatica

Incesto nella Letteratura e nei Media: Come l'incesto è stato rappresentato nella letteratura, nel cinema e nei media nel corso del tempo, e come queste rappresentazioni riflettono e influenzano le norme sociali.

Tabù Sessuali e Cultura Popolare: Come la cultura popolare contemporanea tratta i tabù sessuali, incluso l'incesto, e come queste rappresentazioni possono contribuire a mantenere o sfidare tali tabù.

12: Prospettive Futuristiche

Possibili Evoluzioni del Tabù dell'Incesto: Un'analisi di come le norme sociali riguardanti l'incesto potrebbero evolversi in futuro, in considerazione dei cambiamenti tecnologici, sociali e culturali.

Etica e Relazioni Interpersonali nel Futuro: Come i cambiamenti futuri nelle relazioni umane, influenzati da nuove tecnologie e da un'evoluzione delle norme etiche, potrebbero trasformare il modo in cui consideriamo il tabù dell'incesto.

13: Poliamore e Relazioni Non Monogame

Esplorazione del Poliamore: Introduzione al concetto di poliamore e altre forme di non monogamia consensuale, come le relazioni aperte e le relazioni anarchiche.

Sfida alla Monogamia Tradizionale: Analisi di come queste relazioni sfidano le norme sociali tradizionali riguardanti la monogamia, la fedeltà e l'amore.

Storia e Sviluppo delle Relazioni Non Monogame: Storia del movimento poliamoroso e delle sue radici culturali e filosofiche.

Legislazione e Impatto Sociale: Discussione sulle implicazioni legali e sociali della non monogamia consensuale.

14: Sadomasochismo e BDSM

Introduzione al BDSM: Panoramica sul BDSM e sulle sue pratiche, esplorando il significato di dominazione, sottomissione, sadismo e masochismo.

Psicologia e Consenso nel BDSM: Analisi delle dinamiche psicologiche e del ruolo cruciale del consenso nelle pratiche BDSM.

Miti e Realtà: Demistificazione delle percezioni comuni sul BDSM, confrontando le paure sociali con le esperienze vissute dai praticanti.

Rappresentazione nei Media: Come il BDSM viene rappresentato nella letteratura, nel cinema e nei media.

15: Agesimo e Relazioni con Differenze di Età Estreme

Introduzione al Concetto di Agesimo: Esplorazione del pregiudizio contro le relazioni con significative differenze di età.

Dinamiche di Potere e Consenso: Discussione delle dinamiche di potere in queste relazioni e di come il consenso può essere influenzato dalla disparità di età.

Casi Studio e Legislazione: Esplorazione di casi storici e attuali di relazioni con grandi differenze di età e della legislazione che le regola.

16: Feticismi e Parafilie

Introduzione ai Feticismi: Definizione e discussione dei feticismi e delle parafilie.

La Linea tra Normalità e Patologia: Esplorazione della distinzione tra preferenze sessuali non convenzionali e comportamenti patologici.

Implicazioni Psicologiche e Sociali: Analisi di come i feticismi sono percepiti e trattati dalla società e dalla comunità scientifica.

Rappresentazione nei Media: Come i feticismi sono rappresentati nella cultura popolare e nei media.

17: Zoofilia

Introduzione alla Zoofilia: Definizione e contesto della zoofilia, e discussione delle sue implicazioni legali ed etiche.

Disturbo Psicologico o Preferenza Sessuale?: Discussione sulla classificazione della zoofilia come disturbo mentale e sulle sue conseguenze legali e sociali.

Benessere Animale e Consenso: Esplorazione delle problematiche legate al benessere animale e alla possibilità di consenso.

18: Sessualità e Disabilità

Sessualità nelle Persone con Disabilità: Esplorazione delle sfide e dei pregiudizi affrontati dalle persone con disabilità in ambito sessuale.

Diritti Sessuali e Accesso: Discussione sui diritti sessuali delle persone con disabilità e su come la società può migliorare l'accesso alle risorse sessuali per questi individui.

Testimonianze e Casi Studio: Raccolta di storie e testimonianze di persone con disabilità che sfidano i tabù e le barriere sociali.

19: Necrofilia

Esplorazione della Necrofilia: Definizione e discussione del tabù della necrofilia, esaminandola dal punto di vista psicologico e legale.

Necrofilia e Disturbo Mentale: Analisi della necrofilia come disturbo psicologico e delle sue implicazioni etiche.

Implicazioni Legali e Culturali: Discussione delle leggi contro la necrofilia e delle reazioni culturali a questo comportamento.

20: Sessualità e Religione

Sessualità e Dogma Religioso: Esplorazione delle tensioni tra pratiche sessuali e dottrine religiose.

Conflitti tra Libertà Sessuale e Religione: Discussione su come la religione influenza le norme sessuali e su come le comunità religiose gestiscono i tabù sessuali.

Riforme e Resistenze: Analisi dei movimenti di riforma all'interno delle comunità religiose e delle resistenze al cambiamento.

21: Incesto tra Cugini

Il Tabù dell'Incesto tra Cugini: Esplorazione del tabù dell'incesto tra cugini, con un focus sulle variazioni culturali e legali.

Analisi Genetica e Culturale: Discussione dei rischi genetici associati e delle diverse percezioni culturali su queste unioni.

Legislazione e Rappresentazione: Esame delle leggi sul matrimonio tra cugini e di come queste relazioni sono rappresentate nei media.

22: Sessualità in Età Avanzata

Miti sulla Sessualità Anziana: Demistificazione dei pregiudizi sulla sessualità nelle persone anziane.

Sfide e Barriere: Discussione delle sfide fisiche, sociali e culturali affrontate dagli anziani nella loro vita sessuale.

Rappresentazione nei Media e Cultura: Come la sessualità degli anziani è rappresentata e percepita nella cultura popolare.

23: **Sessualità e Tecnologia**

Sessualità Virtuale e Realtà Aumentata: Esplorazione dell'impatto della tecnologia sulla sessualità, inclusi la realtà virtuale, il cybersex e l'uso di dispositivi per la gratificazione sessuale.

Intelligenza Artificiale e Relazioni Sessuali: Discussione sulle relazioni intime con robot e intelligenze artificiali, analizzando le implicazioni etiche e sociali.

Privacy e Sicurezza Sessuale Online: Esplorazione delle problematiche relative alla privacy, al consenso e alla sicurezza nell'ambito della sessualità digitale.

24: **Parafilie Estreme**

Coprofagia e Urofagia: Discussione delle parafilie estreme come coprofagia e urofagia, con un'analisi delle motivazioni psicologiche e delle percezioni sociali.

Somnofilia e Altre Parafilie Raramente Discusse: Esplorazione di parafilie rare come la somnofilia (attrazione per le persone addormentate) e le loro implicazioni etiche e legali.

25: **Sessualità e Identità di Genere**

Tabù Sull'Identità di Genere: Esplorazione dei tabù legati alla non conformità di genere e alla sessualità delle persone transgender e non binarie.

Disforia di Genere e Sessualità: Discussione delle complessità sessuali vissute dalle persone con disforia di genere.

26: **Sessualità e Potere**

Tabù Sulle Relazioni di Potere Sessuale: Analisi delle relazioni in cui il potere sessuale è disuguale, come nelle dinamiche dominatore/sottomesso, e come queste relazioni sono percepite socialmente.

Sesso e Corruzione: Discussione su come il sesso è utilizzato come strumento di potere e corruzione nelle istituzioni.

27: **Sessualità e Malattia**

Sessualità e Malattie Mentali: Esplorazione delle sfide sessuali affrontate dalle persone con malattie mentali e dei pregiudizi associati.

Sessualità e Malattie Sessualmente Trasmissibili: Discussione sui tabù e lo stigma associati alle malattie sessualmente trasmissibili e il loro impatto sulla vita sessuale.

28: Sessualità e Minoranze Etniche

Tabù Sessuali nelle Culture Indigene: Esplorazione di come diverse minoranze etniche trattano la sessualità e quali tabù sessuali esistono nelle loro culture.

Intersezione di Sessualità e Razza: Discussione su come la sessualità è percepita e vissuta attraverso il prisma della razza e delle differenze etniche.

29: Sessualità e Economia

Prostituzione e Lavoro Sessuale: Esplorazione del tabù del lavoro sessuale, analizzando le implicazioni legali, etiche e sociali della prostituzione e altre forme di lavoro sessuale.

Pornografia e Mercato Sessuale: Discussione sull'industria della pornografia, il suo impatto sulla società e come viene percepita in termini di tabù sessuali.

Conclusione

Riflessioni finali: Riassunto dei punti chiave e visione di speranza o cambiamento, invito ai lettori a riflettere sulle proprie idee riguardo alla libertà e al controllo.

Appendici

Riferimenti e letture consigliate: Lista di testi e risorse per approfondire ulteriormente i temi trattati.

Introduzione

Presentazione del tema

Il concetto di libertà personale ha sempre rappresentato un pilastro fondamentale nella costruzione della dignità umana e dei diritti civili. Tuttavia, quando si tratta della sfera sessuale e delle relazioni personali, la libertà individuale si trova spesso in conflitto con le norme sociali, le leggi statali e le convenzioni culturali. Questo libro, **L'Ultimo Tabù: Sessualità, Potere e Libertà Individuale**, si propone di esplorare una delle tensioni più complesse e controverse della società moderna: quella tra il diritto degli individui a determinare liberamente la propria vita sessuale e affettiva e il potere esercitato dalle istituzioni e dalle norme collettive per regolare, limitare o controllare tali scelte.

In un mondo in cui la privacy e l'autonomia personale sono spesso idealizzate, la realtà quotidiana rivela un quadro molto diverso. Le persone si trovano a dover navigare tra leggi restrittive, giudizi morali e pressioni sociali che cercano di imporre regole su ciò che dovrebbe essere una delle espressioni più intime e personali della vita umana: la sessualità. Questo libro esamina come tali dinamiche siano radicate in un intreccio di potere, controllo e paura, esplorando perché, nonostante i progressi in altre aree dei diritti umani, la sessualità rimanga uno degli ultimi grandi tabù della nostra società.

Contesto storico e filosofico

L'idea di regolamentare la sessualità non è un fenomeno moderno; è radicata nella storia dell'umanità e riflette una lunga tradizione di controllo sociale. Dai codici antichi come quello di Hammurabi, alle rigide prescrizioni morali delle religioni monoteiste, fino alle leggi civili e penali dei moderni stati-nazione, il tentativo di disciplinare le relazioni intime è sempre stato presente. Queste norme non solo riflettono le paure e le insicurezze di una società, ma anche i suoi tentativi di proteggere la stabilità sociale e di mantenere il controllo su ciò che viene percepito come pericoloso o sovversivo.

Filosofi come Michel Foucault hanno evidenziato come il potere non sia solo una questione di forza o autorità diretta, ma anche di controllo sottile e pervasivo sui corpi e sulle menti degli individui. Nel suo lavoro, Foucault ha esplorato come le istituzioni, dalla chiesa allo Stato, abbiano cercato di regolare la sessualità non solo attraverso la repressione, ma anche attraverso la sorveglianza e la normalizzazione. Questo processo ha reso la sessualità un terreno di lotta tra l'autonomia individuale e l'autorità collettiva.

La storia del pensiero filosofico e politico occidentale ci offre una varietà di approcci all'autonomia personale. Il liberalismo classico, come formulato da filosofi come John Stuart Mill, sostiene che l'individuo dovrebbe essere libero di agire come desidera, purché non danneggi gli altri. Questo principio ha ispirato molte delle battaglie per i diritti civili e la liberazione sessuale del XX secolo. Tuttavia, l'applicazione di questo principio alla sfera sessuale ha incontrato una resistenza significativa, spesso giustificata da argomenti morali, religiosi o di ordine pubblico.

In **L'Ultimo Tabù**, esploreremo come queste forze storiche e filosofiche continuino a influenzare le leggi e le norme sociali contemporanee, e come il dibattito sulla sessualità e la libertà

individuale sia ancora al centro delle lotte per i diritti umani.
Questo libro è un invito a riflettere criticamente su queste
dinamiche e a considerare nuove prospettive per un futuro in cui
la libertà sessuale e affettiva non sia più vista come una minaccia,
ma come un diritto inalienabile di ogni individuo.

1: La Libertà Personale

Concetto di autonomia individuale

L'autonomia individuale è uno dei principi fondamentali del
pensiero liberale e libertario, e rappresenta l'idea che ogni
persona ha il diritto di controllare la propria vita, fare scelte
personali e vivere secondo i propri valori, senza interferenze
indebite da parte dello Stato, della società o di altre istituzioni.
Questo concetto è radicato nel rispetto della dignità umana e
della capacità di autodeterminazione.

Uno dei più influenti sostenitori dell'autonomia individuale è stato
il filosofo britannico John Stuart Mill, il cui saggio *Sulla libertà*

(1859) ha fornito una base teorica per la difesa della libertà personale contro l'interferenza statale. Mill sosteneva che l'individuo dovrebbe essere libero di agire come desidera, a condizione che le sue azioni non causino danno ad altri. Questo principio, noto come il "principio del danno", è diventato una pietra miliare del pensiero liberale e ha influenzato molte delle moderne teorie sui diritti civili.

Mill argomentava che il diritto di vivere la propria vita secondo le proprie scelte, comprese quelle relative alla sfera sessuale e relazionale, è essenziale per lo sviluppo della personalità e della felicità individuale. L'interferenza dello Stato o della società, a suo avviso, dovrebbe essere limitata solo ai casi in cui le azioni di un individuo minacciano direttamente il benessere di altri. Questo approccio ha ispirato molte battaglie per i diritti civili, inclusi i movimenti per i diritti delle donne, delle persone LGBTQ+, e per la libertà sessuale.

Il libertarianismo, un'altra corrente di pensiero che mette al centro l'autonomia individuale, spinge ulteriormente il concetto di libertà personale, sostenendo che ogni forma di controllo o regolamentazione da parte dello Stato dovrebbe essere ridotta al minimo. I libertari credono che ogni persona dovrebbe avere il diritto di vivere come desidera, a condizione che rispetti la libertà altrui. Questo include la libertà di scegliere le proprie relazioni intime e sessuali, senza dover sottostare a norme imposte dall'esterno.

Anche filosofi contemporanei come Robert Nozick hanno contribuito alla difesa dell'autonomia individuale, argomentando che lo Stato non ha il diritto di interferire nelle decisioni personali, a meno che ciò non sia necessario per proteggere gli individui dalla violenza o dalla coercizione. Nozick, nel suo libro *Anarchy, State, and Utopia* (1974), propone un modello di Stato minimo, in cui l'interferenza nelle scelte personali è drasticamente limitata, permettendo agli individui di esercitare la propria libertà in modo più completo.

Tuttavia, l'autonomia individuale è spesso in conflitto con le norme sociali e le leggi che cercano di regolare la sfera sessuale e relazionale. Questo conflitto ha dato origine a numerose lotte e controversie, poiché molte persone e movimenti hanno cercato di affermare il diritto di vivere secondo le proprie convinzioni e desideri, sfidando le convenzioni e le restrizioni imposte dalla società.

Storie e testimonianze

Per comprendere meglio la tensione tra libertà personale e controllo sociale, è utile esaminare le storie di individui che hanno sfidato le norme esistenti per affermare la propria autonomia sessuale e relazionale. Queste storie offrono uno sguardo diretto sulle esperienze di coloro che hanno vissuto in contrasto con le aspettative sociali, spesso pagando un alto prezzo per la loro determinazione a vivere secondo i propri principi.

Una delle figure più emblematiche in questo contesto è quella di **Emma Goldman**, un'attivista anarchica e femminista del primo Novecento. Goldman fu una feroce sostenitrice della libertà sessuale e dei diritti delle donne, sfidando apertamente le norme vittoriane che regolavano la sessualità e le relazioni. Difese il diritto delle donne di controllare il proprio corpo, di scegliere i propri partner e di vivere liberamente la propria sessualità. Le sue idee rivoluzionarie la portarono spesso a scontrarsi con le autorità, subendo arresti e deportazioni. Nonostante le difficoltà, Goldman rimase ferma nelle sue convinzioni, diventando una pioniera nella lotta per la libertà personale e un'ispirazione per le generazioni future.

Un'altra storia significativa è quella di **Alan Turing**, il brillante matematico e crittografo britannico, la cui omosessualità lo portò a un tragico destino in una società che criminalizzava i rapporti tra persone dello stesso sesso. Nonostante il suo contributo decisivo alla vittoria degli Alleati nella Seconda Guerra Mondiale grazie al suo lavoro sulla decrittazione dei codici nazisti, Turing fu perseguitato dalle autorità britanniche per la sua sessualità. Condannato per atti omosessuali, fu costretto a sottoporsi a una castrazione chimica, una punizione che ebbe conseguenze devastanti sulla sua salute mentale e fisica, portandolo infine al suicidio. La storia di Turing mette in luce la crudele repressione dell'autonomia sessuale e il terribile costo umano della negazione della libertà individuale.

Più recentemente, il movimento per i diritti LGBTQ+ ha visto la partecipazione di figure come **Marsha P. Johnson**, un'attivista afroamericana transgender che ha svolto un ruolo cruciale nei moti di Stonewall del 1969, evento che segnò l'inizio del movimento moderno per i diritti LGBTQ+. Marsha P. Johnson sfidò apertamente le norme di genere e sessualità del suo tempo, lottando per il diritto delle persone LGBTQ+ di vivere apertamente e senza paura di persecuzioni. La sua storia è un potente esempio di come la lotta per l'autonomia personale possa trasformarsi in un movimento di cambiamento sociale, nonostante le oppressioni e i rischi personali.

Queste storie, tra molte altre, evidenziano il coraggio e la determinazione di coloro che hanno lottato per la loro libertà personale contro le convenzioni e le leggi oppressive. Le loro esperienze ci ricordano che l'autonomia individuale non è solo un concetto teorico, ma una realtà vissuta da persone che, spesso a caro prezzo, hanno cercato di vivere secondo le proprie convinzioni. Questi esempi ci spingono a riflettere su quanto la società possa evolversi verso un riconoscimento più ampio della libertà personale e sul significato profondo di vivere in un mondo in cui l'autonomia individuale è realmente rispettata.

2: Il Controllo Sociale

Norme sociali e leggi

Da secoli, le società di tutto il mondo hanno sviluppato una complessa rete di norme sociali e leggi volte a regolare la sessualità e le relazioni umane. Queste norme, spesso radicate in tradizioni religiose, filosofiche e culturali, sono state utilizzate per mantenere l'ordine sociale, proteggere la salute pubblica, e promuovere una determinata moralità. Tuttavia, dietro la facciata della protezione e dell'ordine, si nasconde una realtà più complessa e, a volte, oscura: l'uso del controllo sociale come strumento per limitare la libertà personale e per consolidare il potere delle istituzioni.

Uno degli esempi più evidenti di questo controllo è rappresentato dalle leggi sul matrimonio. Nella maggior parte delle società, il matrimonio è stato storicamente regolato dallo Stato e dalla Chiesa, che ne hanno definito i limiti e le condizioni. Queste leggi non solo stabilivano chi poteva sposarsi con chi, ma determinavano anche le aspettative di comportamento all'interno del matrimonio, come la fedeltà coniugale, i ruoli di genere, e i doveri nei confronti dei figli. Queste normative erano spesso giustificate da motivazioni legate alla stabilità sociale, alla protezione dei figli e alla preservazione della moralità pubblica.

Le leggi sulla sodomia, che punivano i rapporti sessuali tra persone dello stesso sesso o che non rientravano nei parametri considerati "naturali", sono un altro esempio di come le istituzioni abbiano cercato di controllare la sessualità. Queste leggi, presenti in molte culture e in diversi periodi storici, erano spesso giustificate con argomenti religiosi o morali, e venivano applicate con lo scopo di preservare una presunta "purezza" della società. In realtà, servivano a reprimere qualsiasi forma di sessualità considerata deviante, etichettando come pericolosi e immorali coloro che vi partecipavano.

La regolamentazione della sessualità non si limita ai rapporti tra persone dello stesso sesso o al matrimonio. Anche l'adulterio, la prostituzione, e la pornografia sono stati oggetto di leggi severe in molte culture. Queste pratiche sono state spesso criminalizzate o fortemente stigmatizzate con l'obiettivo di mantenere l'ordine sociale e di proteggere l'integrità della famiglia, considerata il nucleo fondamentale della società. Dietro queste leggi, tuttavia, si celano motivazioni più complesse, legate al controllo delle donne, alla preservazione del potere maschile, e alla repressione di forme di espressione sessuale che sfidano le norme tradizionali.

Anche la questione della salute pubblica è stata spesso utilizzata come giustificazione per la regolamentazione della sessualità. Malattie sessualmente trasmissibili, gravidanze indesiderate e altri problemi legati alla salute sono stati citati come ragioni per imporre restrizioni sulle attività sessuali. Tuttavia, queste misure non sempre sono state applicate in modo equo o razionale. Spesso, le leggi che miravano a proteggere la salute pubblica sono state usate per giustificare la sorveglianza, la stigmatizzazione e la repressione di gruppi specifici, come le persone LGBTQ+, le donne sessualmente attive o i lavoratori del sesso.

Critiche e contro-narrative

Le leggi e le norme sociali che regolano la sessualità hanno sempre suscitato critiche e resistenze. Molti filosofi, attivisti e pensatori hanno denunciato queste normative come strumenti di controllo e dominio, piuttosto che di protezione. Secondo questa prospettiva, le leggi che regolano la sessualità non servono tanto a tutelare gli individui o la società, quanto a mantenere l'ordine sociale esistente e a perpetuare le disuguaglianze di potere.

Una delle critiche principali riguarda il modo in cui queste leggi e norme spesso riflettono i valori e gli interessi di gruppi di potere, piuttosto che una vera preoccupazione per il benessere degli individui. Ad esempio, le leggi sul matrimonio tradizionale spesso rafforzano le strutture patriarcali, imponendo ruoli di genere rigidi e limitando l'autonomia delle donne. In questo contesto, il matrimonio diventa uno strumento per controllare la sessualità femminile e per garantire la trasmissione ereditaria del potere e della proprietà, piuttosto che una libera unione tra individui eguali.

Analogamente, le leggi sulla sodomia e le restrizioni contro le relazioni omosessuali sono state criticate per il loro carattere discriminatorio e repressivo. Queste leggi non solo violano il diritto all'autonomia personale, ma perpetuano anche un sistema di valori che marginalizza e stigmatizza le persone LGBTQ+. La criminalizzazione dell'omosessualità, in particolare, è stata utilizzata per giustificare la violenza, la discriminazione e l'esclusione sociale, creando un clima di paura e oppressione.

Le contro-narrative emergono anche nel dibattito sulla salute pubblica. Molti critici sostengono che le misure di salute pubblica dovrebbero essere basate sull'educazione, il consenso informato e l'accesso a servizi sanitari sicuri e rispettosi, piuttosto che sulla repressione e la criminalizzazione. Invece di punire le persone per le loro scelte sessuali, le politiche di salute pubblica dovrebbero mirare a supportare gli individui nel prendere decisioni sicure e consapevoli riguardo alla loro sessualità.

Un altro punto di vista critico è quello del femminismo, che ha spesso evidenziato come le norme sociali e le leggi sulla sessualità siano state usate per controllare il corpo e la sessualità delle donne. Da un lato, il patriarcato ha imposto un controllo rigido sulla sessualità femminile attraverso leggi sul matrimonio, sull'adulterio e sulla prostituzione. Dall'altro, le stesse donne sono state spesso stigmatizzate e punite per la loro sessualità, viste come "tentatrici" o "peccatrici" che mettono a rischio l'ordine sociale. Il femminismo ha quindi lottato per un riconoscimento della sessualità femminile come legittima e autonoma, al di fuori delle imposizioni patriarcali.

Queste critiche sollevano domande fondamentali su chi ha il diritto di definire e controllare la sessualità e le relazioni umane. Se, da un lato, le norme sociali e le leggi possono sembrare necessarie per mantenere l'ordine e la coesione sociale, dall'altro, il loro uso come strumenti di dominio e repressione solleva gravi preoccupazioni etiche. Il conflitto tra la libertà personale e il controllo sociale, come evidenziato in queste critiche, rimane uno dei dibattiti più accesi e rilevanti della nostra epoca.

In conclusione, la regolamentazione della sessualità e delle relazioni umane da parte delle norme sociali e delle leggi è una questione complessa e controversa. Mentre tali normative sono spesso presentate come misure necessarie per proteggere la società, è importante riconoscere il potenziale di abuso e repressione insito in esse. Le critiche e le contro-narrative ci invitano a ripensare il ruolo dello Stato e della società nella vita privata degli individui e a considerare nuovi approcci che rispettino l'autonomia personale e i diritti umani fondamentali.

3: Il Diritto di Scegliere

Discussione etica

Il diritto di scegliere le proprie relazioni è uno degli aspetti più profondi e personali della libertà individuale. Questo diritto implica non solo la libertà di decidere chi amare, ma anche di determinare come vivere quella relazione, senza interferenze esterne. Tuttavia, il dibattito etico su questa libertà è complesso e spesso controverso, poiché coinvolge valori fondamentali come l'autonomia personale, il rispetto della dignità umana, e il ruolo dello Stato nel proteggere la società.

Da una parte, molti filosofi e teorici della libertà sostengono che la scelta delle relazioni è un diritto inalienabile, radicato nella dignità e nell'autodeterminazione dell'individuo. Questa visione è spesso associata al liberalismo classico, che pone l'individuo al centro del discorso etico, sottolineando che ognuno ha il diritto di cercare la propria felicità, a condizione che le proprie scelte non arrechino danno agli altri. In questa prospettiva, l'intervento dello Stato nelle scelte personali, specialmente quelle riguardanti la sfera intima e sessuale, è visto come una violazione ingiustificata della libertà personale.

John Stuart Mill, uno dei principali esponenti di questo pensiero, affermava che l'individuo è sovrano su se stesso, sul proprio corpo e sulla propria mente. Mill sosteneva che lo Stato e la società non dovrebbero interferire nelle scelte personali a meno che tali scelte non causino un danno diretto ad altri. Questo principio, noto come il "principio del danno", è diventato un punto di riferimento nel dibattito etico e legale sulla libertà personale, suggerendo che le leggi che limitano la scelta individuale devono essere giustificate da un rischio concreto e significativo per la comunità.

Dall'altra parte, esiste un approccio che sostiene l'importanza delle norme sociali e delle leggi nel mantenere un ordine morale e sociale. Questo punto di vista spesso vede lo Stato come un garante della coesione sociale e della protezione dei membri più vulnerabili della società. I sostenitori di questo approccio possono giustificare l'intervento statale nelle scelte personali, argomentando che alcune relazioni o comportamenti possono minare i valori fondamentali su cui si basa la comunità, come la stabilità familiare, la protezione dei minori, o la salute pubblica.

Ad esempio, il pensiero conservatore tradizionale spesso sottolinea l'importanza del matrimonio come istituzione fondamentale per la società, e sostiene che lo Stato ha il diritto di regolamentarlo per preservare l'ordine sociale e morale. In questa visione, le leggi che limitano certi tipi di relazioni, come i matrimoni tra persone dello stesso sesso o le relazioni poligamiche, non sono viste come violazioni della libertà, ma come necessarie per proteggere la struttura sociale e i valori comuni.

Tuttavia, le critiche a questa visione sostengono che l'uso delle leggi per imporre una morale comune rischia di soffocare la diversità e di negare il diritto degli individui di vivere secondo le proprie convinzioni. Inoltre, c'è un rischio evidente che le norme sociali e le leggi riflettano i pregiudizi e gli interessi dei gruppi di potere, piuttosto che una genuina preoccupazione per il benessere di tutti i membri della società.

Il dibattito etico sul diritto di scegliere le proprie relazioni, quindi, non è solo una questione di libertà individuale contro controllo sociale, ma anche di come bilanciare questi due principi in modo che il rispetto per l'autonomia personale non comprometta il bene comune e viceversa. Questo equilibrio delicato è al centro di molte discussioni legali, politiche e sociali, e rimane una delle questioni più controverse e rilevanti nel mondo contemporaneo.

Esplorazione di casi studio

Per comprendere meglio le implicazioni del diritto di scegliere, è utile esaminare casi storici e contemporanei in cui individui o gruppi hanno lottato per affermare la propria libertà di vivere secondo le proprie scelte, spesso in opposizione a leggi o norme sociali restrittive. Questi casi offrono uno sguardo su come il conflitto tra autonomia personale e controllo sociale si manifesti concretamente, e su come le persone abbiano sfidato le convenzioni per affermare il proprio diritto alla libertà.

Uno dei casi più significativi è quello dei **Loving**, una coppia interrazziale negli Stati Uniti che, negli anni '60, sfidò le leggi statali contro i matrimoni misti. Richard e Mildred Loving si sposarono nel 1958, ma il loro matrimonio fu dichiarato illegale nello Stato della Virginia, dove il matrimonio interrazziale era proibito. La coppia fu arrestata e condannata a un anno di prigione, con la pena sospesa a condizione che lasciassero lo Stato. I Loving decisero di combattere questa ingiustizia legale, portando il loro caso fino alla Corte Suprema degli Stati Uniti. Nel 1967, la Corte emise una storica sentenza nel caso **Loving vs Virginia**, dichiarando incostituzionali tutte le leggi contro i matrimoni interrazziali. Questo caso non solo affermò il diritto delle persone di sposarsi indipendentemente dalla razza, ma divenne anche un simbolo della lotta per i diritti civili e per la libertà personale.

Un altro esempio rilevante è quello di **Oscar Wilde**, il famoso scrittore irlandese, la cui omosessualità lo portò a uno scontro diretto con la legge vittoriana. Wilde fu processato e condannato per "gross indecency" (atti osceni) nel 1895, in un'epoca in cui l'omosessualità era considerata un crimine grave nel Regno Unito. Nonostante la sua brillante carriera letteraria, Wilde fu imprigionato e la sua reputazione fu distrutta. Il caso di Wilde non solo evidenziò la durezza delle leggi contro l'omosessualità, ma sollevò anche domande sul diritto delle persone di vivere la propria sessualità in modo libero e autentico. La persecuzione di Wilde divenne un tragico esempio delle conseguenze di un controllo sociale oppressivo sulla vita privata degli individui.

Più recentemente, il caso dei **diritti dei transgender** è emerso come una delle battaglie più importanti per il diritto di scegliere. In molti paesi, le persone transgender hanno dovuto lottare contro leggi e norme che negavano loro il diritto di cambiare il proprio genere legale, accedere a cure mediche appropriate, o vivere secondo la loro identità di genere. Un caso emblematico è quello di **Christine Jorgensen**, una delle prime persone a sottoporsi a un'operazione di riassegnazione di genere negli anni '50. La sua storia attirò l'attenzione internazionale e contribuì a portare la questione dell'identità di genere nel dibattito pubblico. Tuttavia, la vita di Christine fu anche segnata da una costante lotta contro pregiudizi, discriminazione e leggi restrittive. La sua storia, insieme a quella di molti altri attivisti transgender, evidenzia la difficoltà di affermare il proprio diritto di vivere secondo la propria identità in una società che spesso non riconosce o rispetta tale libertà.

Infine, il movimento per i **matrimoni tra persone dello stesso sesso** rappresenta un altro capitolo fondamentale nella lotta per il diritto di scegliere. Per decenni, le coppie dello stesso sesso hanno combattuto per il riconoscimento legale delle loro unioni, in un contesto in cui il matrimonio era visto esclusivamente come un'istituzione eterosessuale. La battaglia culminò in numerose vittorie legali, tra cui la storica sentenza della Corte Suprema degli Stati Uniti nel 2015 nel caso **Obergefell vs Hodges**, che legalizzò il matrimonio tra persone dello stesso sesso in tutti gli Stati Uniti. Questa decisione rappresentò un passo significativo verso il riconoscimento della libertà individuale, affermando che l'amore e l'impegno tra due persone, indipendentemente dal loro genere, meritano la stessa dignità e rispetto da parte della legge.

Questi casi studio mostrano come il diritto di scegliere le proprie relazioni sia stato, e continui ad essere, oggetto di battaglie legali e sociali. Le storie di persone che hanno lottato per vivere secondo le proprie scelte, nonostante le leggi o le norme contrarie, sono testimonianze potenti del valore della libertà personale e della resilienza umana. Queste battaglie hanno non solo portato a cambiamenti significativi nelle leggi e nelle percezioni sociali, ma hanno anche contribuito a ridefinire il concetto stesso di libertà in una società moderna e pluralistica.

4: Verso una Nuova Comprensione

Visioni alternative

Per immaginare un futuro in cui le libertà personali siano maggiormente rispettate, è necessario considerare modelli alternativi di società che mettano al centro l'autonomia individuale, l'uguaglianza e il rispetto reciproco. Questi modelli, pur variando nelle loro forme e applicazioni, condividono un principio fondamentale: il riconoscimento che ogni individuo ha il diritto di vivere la propria vita secondo le proprie scelte, a condizione che tali scelte non danneggino gli altri.

Uno dei modelli più radicali in questa direzione è quello di una **società libertaria**, in cui lo Stato ha un ruolo minimo, limitato alla protezione dei diritti fondamentali come la vita, la libertà e la proprietà. In una tale società, le persone avrebbero un'ampia libertà di scegliere le proprie relazioni e modalità di vita, senza interferenze da parte del governo o imposizioni morali collettive. La regolamentazione delle relazioni personali, come il matrimonio, sarebbe lasciata alla libera volontà delle parti coinvolte, e le normative tradizionali basate su valori morali imposti sarebbero sostituite da accordi privati e consensuali.

Un altro modello alternativo è rappresentato dalla **società pluralista e inclusiva**, in cui la diversità delle esperienze umane è non solo tollerata ma celebrata. In questo contesto, le leggi e le politiche pubbliche sono progettate per garantire che tutte le persone, indipendentemente dal loro orientamento sessuale, identità di genere, o scelte relazionali, possano vivere liberamente e senza paura di discriminazione. Questo approccio richiede un ripensamento profondo delle istituzioni sociali tradizionali, come il matrimonio e la famiglia, che verrebbero ridefinite per includere una gamma più ampia di forme relazionali, riconoscendo l'uguaglianza e la legittimità di tutti i tipi di unioni.

In queste società alternative, l'educazione gioca un ruolo cruciale. Un sistema educativo che promuove la **consapevolezza critica e il rispetto per la diversità** potrebbe preparare le future generazioni a vivere in una società in cui le libertà personali sono più ampie e meglio rispettate. I programmi scolastici potrebbero includere l'insegnamento dei diritti umani, della sessualità e delle relazioni, promuovendo una cultura del consenso e della responsabilità personale. Questo approccio educativo mira a creare cittadini informati e consapevoli, capaci di fare scelte autonome e rispettose degli altri.

Un'altra proposta interessante è l'idea di una **società basata sul contratto sociale volontario**, in cui le persone possono scegliere liberamente le comunità o i gruppi sociali a cui appartenere, basandosi su valori condivisi e accordi reciproci. In questo modello, le persone che preferiscono vivere in modo più tradizionale possono farlo all'interno di comunità che rispettano tali valori, mentre coloro che desiderano sperimentare modelli di vita alternativi possono unirsi a comunità più progressiste. Questo sistema potrebbe ridurre i conflitti sociali, permettendo a diversi stili di vita di coesistere pacificamente, senza che un gruppo imponga le proprie norme sugli altri.

Futuro e cambiamento

Il dibattito sulla libertà personale e il controllo sociale è destinato a evolversi nei prossimi decenni, influenzato da una serie di fattori sociali, culturali e tecnologici. Uno dei cambiamenti più significativi potrebbe derivare dall'evoluzione delle tecnologie digitali, che stanno già trasformando il modo in cui le persone interagiscono, formano relazioni e condividono informazioni. La crescente interconnessione globale potrebbe portare a una maggiore esposizione a culture e pratiche diverse, favorendo un aumento della tolleranza e del rispetto per la diversità. Tuttavia, potrebbe anche sollevare nuove sfide, come la protezione della privacy e la gestione delle relazioni in un mondo sempre più virtuale.

Il movimento per i diritti civili e umani continuerà probabilmente a giocare un ruolo centrale in questa evoluzione. Le lotte per l'uguaglianza di genere, i diritti LGBTQ+, e la protezione delle minoranze potrebbero portare a riforme legali significative, rendendo le società più inclusive e rispettose delle libertà individuali. Allo stesso tempo, è possibile che emergano nuovi movimenti, guidati da coloro che si oppongono a ciò che percepiscono come un eccessivo controllo statale o sociale sulle loro vite. Questi movimenti potrebbero spingere per una maggiore decentralizzazione del potere e per una maggiore autonomia delle comunità locali o dei gruppi sociali.

Anche le discussioni sull'etica del controllo sociale potrebbero evolversi, con una crescente attenzione al ruolo delle **norme sociali invisibili** e dei pregiudizi culturali che influenzano le leggi e le politiche pubbliche. Gli studiosi e gli attivisti potrebbero esplorare nuovi modi per identificare e smantellare queste forme di controllo, proponendo politiche più eque e trasparenti che rispettino davvero la diversità e l'autonomia individuale. Questo potrebbe includere l'adozione di **politiche di giustizia riparativa**, che cercano di risolvere i conflitti attraverso il dialogo e la riconciliazione piuttosto che attraverso la punizione.

Un altro aspetto cruciale sarà la **ridefinizione del ruolo dello Stato**. In molte società, lo Stato è visto come il principale garante dell'ordine e della moralità pubblica, ma questo ruolo potrebbe essere ripensato in un contesto in cui le persone richiedono maggiore libertà personale. Le future riforme potrebbero mirare a ridurre l'intrusione statale nella vita privata, lasciando alle persone una maggiore responsabilità nella gestione delle proprie relazioni e nella definizione dei propri valori morali.

Infine, il **concetto di intersezionalità** – che riconosce come diverse forme di oppressione e discriminazione si intersechino e si rafforzino a vicenda – potrebbe diventare sempre più importante nel dibattito futuro. Questo approccio potrebbe aiutare a sviluppare politiche più inclusive e sensibili alle diverse esperienze umane, promuovendo una società in cui tutte le persone, indipendentemente dal loro background o dalle loro scelte di vita, possano godere pienamente delle loro libertà personali.

In conclusione, il futuro del dibattito sulla libertà personale e il controllo sociale sarà modellato da una combinazione di fattori culturali, tecnologici, legali e politici. Le visioni alternative presentate offrono uno sguardo su come potrebbe essere una società in cui le libertà individuali sono maggiormente rispettate e protette. Tuttavia, il cammino verso una nuova comprensione di questi temi richiederà un impegno continuo per l'inclusività, la

giustizia e il rispetto reciproco, in un mondo in costante
cambiamento.

6: Il Tabù dell'Incesto

L'Incesto come Tabù: Storia e Contesto

L'incesto, definito come una relazione sessuale o matrimoniale tra
persone legate da vincoli di parentela prossima, è uno dei tabù
più radicati e universalmente presenti nelle società umane. La sua
condanna attraversa culture, religioni e leggi, con una forza che
sembra derivare non solo da considerazioni morali, ma anche da
ragioni biologiche e sociali. Tuttavia, come ogni tabù, anche quello
dell'incesto merita un esame critico, soprattutto se consideriamo
le nozioni moderne di libertà personale e autonomia individuale.

Dal punto di vista storico, l'incesto è stato vietato e stigmatizzato
in gran parte delle società per motivi che spaziano dalla
prevenzione di malattie genetiche, alla preservazione della
struttura familiare, fino alla protezione di norme morali condivise.

Tuttavia, alcune delle ragioni che giustificano questa interdizione sono state messe in discussione, specialmente nel contesto moderno dove la libertà individuale viene sempre più riconosciuta come un valore fondamentale.

Libertà Personale contro Controllo Sociale

La questione dell'incesto solleva interrogativi fondamentali sul rapporto tra libertà personale e controllo sociale. Da un lato, possiamo considerare il diritto di ogni individuo di scegliere con chi avere una relazione, basandosi su affetto e consenso reciproco, senza interferenze esterne. Dall'altro, troviamo la volontà collettiva di imporre limiti alle relazioni sessuali, in nome della protezione della salute pubblica, della morale e dell'ordine sociale.

Le argomentazioni contro l'incesto spesso fanno riferimento ai rischi genetici e al potenziale danno che tali unioni potrebbero infliggere ai figli nati da queste relazioni. Tuttavia, questo argomento perde peso in un contesto dove l'avanzamento della scienza medica consente di evitare o gestire tali rischi. Inoltre, i progressi della genetica e della bioetica hanno aperto nuove possibilità per le coppie a rischio, riducendo l'importanza della consanguineità come criterio esclusivo per giudicare la validità di una relazione.

Un'altra giustificazione comune per il tabù dell'incesto riguarda la protezione della struttura familiare. Le relazioni tra parenti stretti sono viste come potenzialmente distruttive per i ruoli e le dinamiche familiari, con il rischio di confondere i confini tra autorità e affetto, e di creare situazioni di abuso di potere. Tuttavia, anche questo argomento può essere criticato se consideriamo che molte relazioni sociali si basano su dinamiche di potere, e che non tutte le relazioni familiari incestuose implicano necessariamente uno squilibrio di potere o coercizione.

Incesto e Complesso di Edipo: Una Riflessione Critica

Le teorie psicoanalitiche, come quelle di Sigmund Freud, hanno contribuito a perpetuare l'idea dell'incesto come un tabù universale e naturale. Il complesso di Edipo e il complesso di Elettra, che descrivono il desiderio sessuale inconscio di un figlio verso il genitore del sesso opposto, sono stati utilizzati per spiegare la necessità di reprimere tali impulsi per il corretto sviluppo psicosessuale dell'individuo.

Tuttavia, queste teorie sono state criticate per il loro determinismo psicologico e per l'accento posto sulla repressione sessuale come necessaria per la civilizzazione. In un contesto di maggiore libertà sessuale e di riconsiderazione delle norme morali tradizionali, possiamo chiederci se queste teorie riflettano realmente una verità universale o se, piuttosto, siano state utilizzate per giustificare strutture di potere e controllo sociale.

Le relazioni incestuose tra adulti consenzienti sfidano questa concezione, ponendo l'accento sulla possibilità di un amore autentico e reciproco che non deve necessariamente essere condannato o represso. Tuttavia, è importante considerare che queste relazioni, per quanto possano essere frutto di una scelta consapevole e libera, operano all'interno di un contesto sociale che le stigmatizza pesantemente, rendendo difficile separare le dinamiche personali dalle pressioni esterne.

Politica, Potere e Il Tabù dell'Incesto

Come abbiamo osservato, una delle funzioni principali del tabù dell'incesto potrebbe essere quella di mantenere il controllo all'interno della struttura familiare, che è, a sua volta, un microcosmo del potere sociale e politico. La famiglia, infatti, è stata storicamente considerata l'unità fondamentale della società, e controllare le relazioni sessuali all'interno di essa è un modo per preservare l'ordine sociale più ampio. Questa forma di controllo è stata utilizzata anche per scopi politici, come nei casi di matrimoni combinati tra famiglie potenti, dove le unioni erano un mezzo per rafforzare alleanze e consolidare il potere.

Da questa prospettiva, il tabù dell'incesto non è solo una questione morale o di salute pubblica, ma un elemento centrale nella gestione delle relazioni di potere all'interno della società. In una società dove il potere si esprime anche attraverso il controllo delle relazioni personali, il tabù dell'incesto può essere visto come un meccanismo di controllo che serve a preservare l'ordine esistente, impedendo la formazione di legami che potrebbero sfuggire al controllo sociale o destabilizzare le strutture di potere stabilite.

Riflessioni Finali

In conclusione, la questione dell'incesto rappresenta una delle frontiere più complesse e controverse del dibattito sulla libertà personale e il controllo sociale. Mentre la maggior parte delle società continua a vedere l'incesto come un tabù necessario per proteggere la struttura familiare e la salute pubblica, le argomentazioni in favore di una maggiore libertà personale sollevano domande importanti su come definiamo e limitiamo le relazioni umane.

Esplorare il tabù dell'incesto significa confrontarsi con alcuni dei temi più profondi della condizione umana: l'amore, la libertà, il potere e la moralità. Se da un lato è fondamentale riconoscere le preoccupazioni legittime riguardanti le dinamiche di potere e i potenziali rischi biologici, dall'altro è altrettanto importante chiedersi fino a che punto lo Stato e la società debbano intervenire nelle scelte intime degli individui.

Forse, come per molti altri tabù, la risposta non è semplicemente abolire le norme esistenti, ma piuttosto riconsiderarle alla luce di un rinnovato rispetto per l'autonomia individuale e una comprensione più sfumata delle dinamiche relazionali. In questo senso, il dibattito sull'incesto può servire come un caso di studio critico per esplorare più ampiamente i limiti e le possibilità della libertà personale in una società che cerca di bilanciare il rispetto per l'individuo con la necessità di mantenere l'ordine e la coesione sociale.

7: Antropologia del Tabù

Evoluzione dei Tabù Sessuali

I tabù sessuali sono tra i più universali e persistenti nel panorama delle norme sociali umane. Tra questi, il tabù dell'incesto occupa un posto di particolare rilievo, poiché si trova in quasi tutte le culture umane. Tuttavia, la sua esistenza e il modo in cui è stato applicato sono cambiati notevolmente nel corso della storia e variano ancora oggi tra le diverse culture.

Origini e Funzioni del Tabù dell'Incesto

Storicamente, il tabù dell'incesto ha avuto molteplici funzioni nelle società umane. Gli antropologi hanno ipotizzato che il suo scopo principale fosse quello di prevenire la consanguineità, riducendo così il rischio di malattie genetiche. Tuttavia, questa spiegazione biologica, pur avendo una base scientifica, non è sufficiente a spiegare la complessità del tabù. Altri studiosi hanno suggerito che il tabù dell'incesto funzioni anche come meccanismo sociale per facilitare l'alleanza tra gruppi e tribù diverse, unendo le famiglie attraverso il matrimonio e rafforzando la coesione sociale.

Tabù Sessuali e Potere Sociale

I tabù sessuali sono stati anche utilizzati come strumenti di controllo sociale. Regolando la sessualità, le società possono mantenere l'ordine e proteggere le strutture di potere esistenti.

Questo controllo si estende alla definizione di chi può avere relazioni sessuali con chi, e a quali condizioni. Nel corso della storia, il tabù dell'incesto è stato sfruttato dalle classi dirigenti per preservare la purezza delle loro linee di sangue, oppure, al contrario, è stato ignorato in certe dinastie reali dove i matrimoni tra parenti erano comuni per mantenere il potere all'interno della famiglia.

Evoluzione Storica del Tabù

Con il passare del tempo, i tabù sessuali si sono evoluti in risposta ai cambiamenti sociali, religiosi e politici. Nel Medioevo, la Chiesa Cattolica ha imposto severe restrizioni sul matrimonio tra consanguinei, unificando norme che in precedenza variavano ampiamente tra le culture europee. Queste restrizioni sono state rafforzate dai timori religiosi riguardo alla purezza spirituale e morale. Nell'era moderna, il tabù dell'incesto è stato codificato in leggi, spesso giustificate da ragioni morali o di salute pubblica.

Il Tabù dell'Incesto nelle Culture Primitivistiche e Contemporanee

Società Primitivistiche

Nelle società tradizionali e primitive, il tabù dell'incesto non è sempre stato interpretato come un divieto assoluto. Alcune tribù dell'Oceania, ad esempio, hanno praticato il matrimonio tra cugini come parte di un sistema complesso di alleanze tribali. In altre culture, l'incesto tra fratelli e sorelle era considerato accettabile o addirittura sacro, come nel caso delle famiglie reali egiziane, dove i faraoni spesso sposavano le loro sorelle per preservare la purezza del lignaggio divino.

Variazioni Culturali nel Tabù dell'Incesto

Nelle culture contemporanee, esistono ancora variazioni significative nel modo in cui il tabù dell'incesto è percepito e applicato. In alcune società isolate, come alcune comunità indigene dell'Amazzonia, le norme sull'incesto possono essere meno rigide rispetto a quelle delle società occidentali. Questi gruppi spesso hanno una comprensione più fluida delle relazioni familiari e sessuali, che non si allinea con le norme occidentali.

Sfide Contemporanee e Ripensamento del Tabù

In un mondo globalizzato, i valori occidentali riguardanti la sessualità e l'incesto sono spesso esportati e imposti ad altre culture, creando tensioni e conflitti. Tuttavia, esistono movimenti che spingono per una rivalutazione critica di questi tabù, mettendo in discussione le basi morali, legali e scientifiche delle norme esistenti.

In conclusione, il tabù dell'incesto, pur essendo uno dei più diffusi e persistenti, non è statico. La sua evoluzione riflette i cambiamenti sociali, culturali e religiosi delle società umane. Esplorare queste variazioni ci aiuta a comprendere meglio non solo il tabù stesso, ma anche i meccanismi attraverso i quali le società regolano e controllano la sessualità per mantenere l'ordine sociale e preservare le strutture di potere.

8: Aspetti Biologici e Genetici

Rischi Genetici dell'Incesto: Verità e Miti

Uno degli argomenti più frequentemente citati a sostegno del tabù dell'incesto riguarda i rischi genetici. L'incesto, o la procreazione tra individui strettamente imparentati, è comunemente associato a un aumento delle probabilità di malattie genetiche e difetti congeniti nei figli. Quanto di questa percezione è basato su fatti scientifici e quanto su miti e pregiudizi?

Analisi dei Rischi Genetici

Il rischio genetico associato all'incesto deriva dall'aumento della probabilità che due individui imparentati portino gli stessi geni recessivi dannosi. Quando entrambi i genitori trasmettono un gene recessivo difettoso, il risultato può essere una malattia genetica. Tuttavia, la probabilità che ciò accada dipende dal tipo e dalla frequenza dei geni recessivi presenti nella popolazione, e non è necessariamente elevata in ogni caso di incesto.

Studi scientifici hanno dimostrato che, sebbene il rischio di malattie genetiche sia effettivamente maggiore nei figli di genitori strettamente imparentati rispetto alla popolazione generale, questo aumento del rischio è spesso esagerato. Ad esempio, il rischio di difetti congeniti in una coppia non imparentata è generalmente stimato intorno al 2-3%, mentre in una coppia incestuosa potrebbe salire al 4-7%. Sebbene questa differenza sia significativa, non giustifica da sola l'intensità del tabù sociale e legale che circonda l'incesto.

Miti e Pregiudizi

Il rischio genetico è stato spesso usato come una giustificazione per le forti norme sociali contro l'incesto, ma molte di queste preoccupazioni sono basate su miti piuttosto che su dati scientifici concreti. Uno di questi miti è che tutti i figli di relazioni incestuose siano inevitabilmente affetti da gravi difetti congeniti, il che non è sostenuto dalla ricerca genetica.

Un altro mito comune è che l'incesto conduca automaticamente a una degenerazione genetica su larga scala in una popolazione, ma in realtà, anche in società con tassi relativamente elevati di consanguineità, come alcune comunità isolate, non si osservano necessariamente livelli elevati di malattie genetiche, grazie a fattori compensatori come la selezione naturale e le pratiche sociali che limitano la riproduzione all'interno della famiglia.

Biologia Evolutiva e Incesto

Teorie dell'Evitamento dell'Incesto

La biologia evolutiva fornisce alcune delle spiegazioni più convincenti del perché l'incesto è raro, non solo tra gli esseri umani, ma anche tra molti animali. Secondo la teoria dell'evitamento dell'incesto, la selezione naturale ha favorito meccanismi comportamentali che riducono la probabilità di accoppiamento tra parenti stretti. Questo perché, evolutivamente parlando, la prole derivante da tali accoppiamenti ha un maggiore rischio di ereditarie malattie genetiche, riducendo la salute complessiva della popolazione.

Uno dei meccanismi più studiati è il fenomeno noto come "imprinting sessuale inverso", osservato in molte specie, inclusi gli esseri umani. Secondo questa teoria, individui che crescono insieme durante l'infanzia, come fratelli e sorelle, sviluppano una sorta di "repulsione sessuale" l'uno verso l'altro. Questo comportamento è stato osservato anche negli esperimenti di Konrad Lorenz sugli uccelli e negli studi su primati come i macachi rhesus.

L'Incesto nella Natura

Tuttavia, l'evitamento dell'incesto non è una regola universale nel regno animale. In alcune specie, l'incesto è comune e persino vantaggioso in certi contesti. Per esempio, in alcune colonie di insetti sociali come le formiche e le api, l'accoppiamento tra parenti stretti è parte integrante della struttura sociale della colonia. In questi casi, i benefici di mantenere un'alta coesione genetica all'interno del gruppo possono superare i rischi associati all'endogamia.

L'Incesto negli Essere Umani: Una Riflessione Evolutiva

Negli esseri umani, il tabù dell'incesto ha probabilmente radici evolutive, ma è stato rafforzato e modificato da fattori culturali e sociali. Se da un lato l'evitamento dell'incesto può aver contribuito alla sopravvivenza e alla prosperità delle popolazioni umane, dall'altro è evidente che molte delle attuali norme contro l'incesto sono il prodotto di costrutti culturali piuttosto che di necessità biologiche.

Queste riflessioni mettono in discussione la sufficienza delle spiegazioni biologiche per giustificare l'attuale intensità del tabù dell'incesto. Se il rischio genetico, sebbene reale, è spesso esagerato e se la biologia evolutiva suggerisce una varietà di comportamenti riguardo all'incesto, allora è possibile che la forza del tabù sociale sia in gran parte il risultato di fattori culturali, morali e politici, piuttosto che puramente biologici.

In sintesi, mentre gli aspetti biologici e genetici forniscono alcune basi per il tabù dell'incesto, non possono spiegare completamente la sua persistenza e rigidità nelle società umane. Una comprensione più completa richiede l'integrazione di considerazioni evolutive con analisi culturali e sociali, riconoscendo che la regolamentazione dell'incesto è tanto un prodotto della storia umana quanto della biologia.

9: Dimensione Psicologica e Psicoanalitica

Psicologia delle Relazioni Incestuose

Le relazioni incestuose tra adulti consenzienti sono tra le più stigmatizzate e incomprese, spesso interpretate attraverso lenti moralistiche o patologiche. Tuttavia, un'analisi psicologica approfondita può rivelare dinamiche complesse che non necessariamente corrispondono agli stereotipi comuni.

Dinamiche Psicologiche nelle Relazioni Incestuose

In ogni relazione intima, ci sono una serie di dinamiche psicologiche che influenzano il comportamento e i sentimenti dei partner coinvolti. Nel caso delle relazioni incestuose tra adulti consenzienti, queste dinamiche possono essere amplificate o modificate dalla natura del legame familiare preesistente. Alcune delle caratteristiche tipiche che emergono includono:

Identità e Ruoli: Gli individui coinvolti in relazioni incestuose devono spesso affrontare la sovrapposizione dei ruoli familiari e quelli romantici o sessuali. Ad esempio, un padre e una figlia che intrattengono una relazione intima devono navigare i confini tra la figura genitoriale e quella del partner. Questa complessità può creare un mix di sentimenti di protezione, cura e intimità che potrebbe non essere presente in relazioni non incestuose.

Desiderio di Connessione: In alcuni casi, le relazioni incestuose possono emergere da un desiderio di connessione emotiva o psicologica che trascende i confini tradizionali. Le persone coinvolte possono cercare di soddisfare bisogni profondi di affetto, appartenenza e riconoscimento all'interno della famiglia, che trovano espressione in una relazione sessuale o romantica.

Potere e Dinamiche di Controllo: Tuttavia, è fondamentale riconoscere che le relazioni incestuose possono anche essere segnate da squilibri di potere, specialmente quando uno dei partner è in una posizione di autorità rispetto all'altro. Anche in relazioni tra adulti consenzienti, queste dinamiche di potere possono complicare la situazione, rendendo difficile distinguere tra consenso genuino e pressione psicologica.

Confronto con Altre Relazioni

Rispetto alle relazioni non incestuose, quelle incestuose possono presentare maggiori sfide in termini di gestione delle aspettative sociali e delle reazioni emotive. La società tende a vedere queste relazioni come innaturali o deviate, il che può portare gli individui coinvolti a provare vergogna, senso di colpa o isolamento. Questi fattori esterni possono mettere ulteriore pressione sulla relazione, creando un ciclo di tensione che potrebbe non essere presente in altre relazioni.

Al contrario, alcune persone in relazioni incestuose riferiscono sentimenti di profonda intimità e comprensione reciproca, derivanti dalla condivisione di un passato comune e da una conoscenza reciproca che va oltre il superficiale. Tuttavia, è essenziale considerare ogni caso singolarmente, evitando di generalizzare o patologizzare automaticamente tali relazioni.

Critica della Psicoanalisi Tradizionale

La psicoanalisi tradizionale, soprattutto attraverso le teorie di Sigmund Freud, ha avuto un'enorme influenza sul modo in cui le relazioni incestuose sono comprese e interpretate. Freud ha introdotto concetti come il complesso di Edipo, che suggerisce che tutti i bambini attraversano una fase in cui sviluppano desideri sessuali inconsci verso il genitore di sesso opposto e rivalità verso il genitore dello stesso sesso.

Il Complesso di Edipo e le Sue Implicazioni

Il complesso di Edipo è stato interpretato in vari modi, ma in molti contesti è stato utilizzato per giustificare la presenza del tabù dell'incesto come un meccanismo di repressione necessario per lo sviluppo psicosessuale sano dell'individuo. Freud sosteneva che la repressione di questi desideri fosse cruciale per l'evoluzione della moralità e della civiltà. Tuttavia, questa visione è stata criticata per essere eccessivamente centrata sulla patologia e per aver contribuito alla stigmatizzazione delle relazioni incestuose.

Psicoanalisi Tradizionale e Modernità

Con l'evoluzione delle teorie psicologiche, molte delle idee freudiane sono state messe in discussione. La psicoanalisi moderna tende a vedere la sessualità in modo meno rigido, riconoscendo una gamma più ampia di esperienze e desideri umani senza necessariamente classificarli come patologici.

Approcci psicologici più recenti, come quelli basati sulla teoria dell'attaccamento, offrono una visione diversa delle relazioni incestuose. Piuttosto che concentrarsi esclusivamente su dinamiche di potere e desideri inconsci, queste teorie esaminano come le relazioni familiari influenzino lo sviluppo emotivo e psicologico degli individui, e come le relazioni incestuose possano emergere in contesti dove i confini familiari sono stati confusi o dove sono stati sviluppati modelli malsani di attaccamento.

Nuovi Paradigmi Psicologici

Oggi, alcuni psicologi propongono di analizzare le relazioni incestuose attraverso una lente meno giudicante, considerando le specifiche circostanze di ciascuna relazione piuttosto che applicare modelli psicoanalitici tradizionali. Questi nuovi paradigmi si concentrano su aspetti come il consenso, l'autonomia personale e la salute mentale degli individui coinvolti, piuttosto che su presupposti moralistici.

In conclusione, mentre la psicoanalisi tradizionale ha contribuito a formare la nostra comprensione delle relazioni incestuose, è essenziale considerare anche approcci più moderni e meno patologizzanti. Comprendere la psicologia delle relazioni incestuose richiede un'esplorazione attenta e rispettosa delle dinamiche coinvolte, evitando di ricorrere a stereotipi e pregiudizi.

10: Aspetti Legali e Diritti Umani

Legislazione Comparata sull'Incesto

Le leggi sull'incesto variano notevolmente da un paese all'altro, riflettendo le differenze culturali, religiose e storiche che influenzano le normative in materia di sessualità. Questo capitolo esplorerà come diverse nazioni regolano l'incesto, le sanzioni previste e le tendenze emergenti che potrebbero indicare un cambiamento nel modo in cui questo tabù è gestito legalmente.

Panoramica delle Leggi sull'Incesto

In molti paesi, l'incesto è considerato un reato penale e viene punito con severe sanzioni, che possono includere la reclusione e la registrazione come autori di reati sessuali. Ad esempio, negli Stati Uniti, le leggi sull'incesto variano a livello statale, con pene che possono andare da alcuni anni di carcere fino all'ergastolo in casi estremi. Anche in Europa, la maggior parte dei paesi, tra cui

Germania, Francia e Regno Unito, considera l'incesto un crimine, sebbene le pene possano differire notevolmente.

In contrasto, alcuni paesi hanno adottato un approccio più liberale. In Spagna, ad esempio, l'incesto tra adulti consenzienti non è penalmente perseguito, sebbene le relazioni incestuose con minorenni rimangano severamente punite. Anche in alcune regioni dell'Africa e dell'Asia, le leggi sull'incesto sono influenzate da tradizioni locali e credenze religiose, con conseguenti variazioni significative nella severità delle punizioni.

Tendenze Globali e Riforme Legali

Negli ultimi anni, si è osservato un crescente dibattito sull'opportunità di riformare le leggi sull'incesto, specialmente in contesti in cui entrambe le parti coinvolte sono adulti consenzienti. Alcuni paesi hanno avviato discussioni sul possibile decriminalizzare l'incesto tra adulti, con argomenti che richiamano il diritto alla privacy e alla libertà sessuale.

Un esempio significativo è quello della Svizzera, dove, nel 2010, il Parlamento ha discusso la possibilità di depenalizzare l'incesto tra adulti, sebbene la proposta non abbia ricevuto l'approvazione finale. Tuttavia, il fatto stesso che un simile dibattito sia avvenuto indica un cambiamento nei discorsi legali e culturali riguardanti l'incesto.

Un'altra tendenza emergente è la crescente attenzione ai diritti degli individui nelle relazioni consenzienti, che mette in discussione le basi morali e giuridiche delle leggi sull'incesto. Mentre le riforme sono ancora lente e controverse, è possibile che, con il tempo, il panorama legale sull'incesto subisca ulteriori trasformazioni.

Diritti Umani e Libertà Sessuale

L'incesto solleva questioni complesse in termini di diritti umani, specialmente quando si tratta di bilanciare la libertà individuale con le normative statali. Al centro di questo dibattito vi è il conflitto tra il diritto alla privacy e all'autonomia sessuale e le leggi che mirano a proteggere la morale pubblica e la salute della società.

Il Diritto alla Privacy e all'Autonomia Sessuale

La Dichiarazione Universale dei Diritti Umani e altre convenzioni internazionali riconoscono il diritto alla privacy e all'autodeterminazione sessuale. Secondo questi principi, gli individui dovrebbero essere liberi di scegliere con chi intrattenere relazioni sessuali, a condizione che queste siano consensuali e non lesive per le parti coinvolte.

Alcuni sostenitori dei diritti umani argomentano che le leggi che vietano l'incesto tra adulti consenzienti violano questi diritti fondamentali. Sostengono che lo Stato non dovrebbe avere il diritto di intromettersi nella vita privata delle persone, soprattutto quando le loro azioni non arrecano danno a terzi. Questa prospettiva è stata rafforzata da casi legali in cui individui coinvolti in relazioni incestuose hanno fatto appello alla Corte Europea dei Diritti dell'Uomo, chiedendo il riconoscimento della loro libertà sessuale.

Il Dilemma Morale e Sociale

Tuttavia, l'incesto continua a essere visto da molti come una questione non solo legale, ma anche morale. I critici delle argomentazioni sui diritti umani sostengono che l'incesto, anche tra adulti consenzienti, può avere effetti negativi sulla struttura familiare e sul tessuto sociale. Temono che la depenalizzazione dell'incesto possa portare a una destabilizzazione dei valori familiari e a un aumento dei casi di abuso e sfruttamento.

Inoltre, vi è la preoccupazione che la relazione tra parenti stretti possa implicare dinamiche di potere che, anche in assenza di coercizione esplicita, potrebbero minare il consenso genuino. Questo argomento viene spesso utilizzato per giustificare il mantenimento delle leggi sull'incesto, anche in contesti in cui i diritti alla privacy e alla libertà sessuale sono fortemente protetti.

Conclusioni e Prospettive Future

Il dibattito sull'incesto, visto attraverso la lente dei diritti umani, solleva domande fondamentali sul ruolo dello Stato nella regolamentazione della sessualità. Da un lato, vi è una crescente pressione per riconoscere il diritto degli individui di gestire la propria vita privata senza interferenze statali. Dall'altro, permane una forte resistenza basata su considerazioni morali e sociali.

In futuro, il modo in cui le società affronteranno questa complessa questione dipenderà in gran parte da come evolveranno le concezioni di privacy, autonomia e morale pubblica. Il bilanciamento tra diritti individuali e protezione sociale rimarrà una sfida centrale nel dibattito legale e politico sull'incesto.

11: Dimensione Culturale e Mediatica

Incesto nella Letteratura e nei Media

L'incesto è stato un tema presente nella letteratura, nel cinema e nei media fin dall'antichità, spesso utilizzato per esplorare le dinamiche di potere, le trasgressioni morali e i confini della normalità sociale. Questo capitolo analizzerà come l'incesto è stato rappresentato nelle opere culturali attraverso i secoli e come queste rappresentazioni hanno influenzato e riflettuto le norme sociali del loro tempo.

Rappresentazioni Letterarie e Storiche

Nella letteratura classica, il tema dell'incesto è spesso legato a tragici destini e alle inevitabili conseguenze del destino. Un esempio emblematico è la tragedia greca **Edipo Re** di Sofocle, in cui il protagonista, Edipo, senza saperlo, uccide il proprio padre e sposa la madre, dando origine a una catena di eventi che culmina nella rovina della sua famiglia. Questo mito, che ha avuto un impatto duraturo sulla cultura occidentale, rappresenta l'incesto come un atto profondamente innaturale e carico di conseguenze devastanti.

Nel Medioevo, le narrazioni riguardanti l'incesto erano spesso utilizzate per esemplificare i peccati e le tentazioni della carne, con storie che miravano a rafforzare le norme religiose e sociali. Tuttavia, con il Rinascimento e l'età moderna, la letteratura cominciò a esplorare l'incesto in modo più complesso, talvolta utilizzandolo come metafora per criticare l'autorità o le istituzioni.

In epoca contemporanea, autori come Vladimir Nabokov, con il suo controverso romanzo *Lolita*, hanno continuato a sfidare i confini del moralmente accettabile. Sebbene *Lolita* non riguardi l'incesto in senso stretto, la relazione tra il protagonista e la giovane ragazza solleva questioni simili riguardo al potere, al consenso e alle norme sociali.

Cinema e Rappresentazioni Mediatiche

Il cinema ha spesso trattato il tema dell'incesto con una mistura di fascino e repulsione, riflettendo l'ambivalenza della società nei confronti di questo tabù. Film come **Chinatown** di Roman Polanski o **The Dreamers** di Bernardo Bertolucci affrontano l'incesto come un elemento narrativo centrale, utilizzandolo per esplorare temi come il desiderio, la decadenza e la trasgressione.

In molti casi, il cinema e la televisione hanno utilizzato l'incesto per creare tensione narrativa, sfruttando la reazione emotiva del pubblico a tale trasgressione. Tuttavia, queste rappresentazioni sono spesso state criticate per il loro sensazionalismo e per il modo in cui trattano l'incesto come un semplice espediente narrativo piuttosto che un tema da esplorare in profondità.

Negli ultimi anni, alcune produzioni mediatiche hanno cercato di rappresentare l'incesto in modo più sfumato e complesso. Serie televisive come **Game of Thrones** hanno reso il tema dell'incesto un elemento cruciale della trama, utilizzandolo non solo per scioccare il pubblico, ma anche per esplorare le dinamiche di potere e le complessità delle relazioni umane.

Tabù Sessuali e Cultura Popolare

La cultura popolare contemporanea gioca un ruolo significativo nel plasmare e riflettere i tabù sessuali della società. Attraverso musica, film, serie TV, e altri media, la cultura popolare contribuisce a definire ciò che è considerato accettabile o inaccettabile in termini di comportamento sessuale, e l'incesto è spesso al centro di queste narrazioni.

Il Ruolo della Cultura Popolare nel Mantenere i Tabù

In molti casi, la cultura popolare ha contribuito a rafforzare i tabù sessuali, incluso l'incesto, attraverso la ripetizione di stereotipi e la stigmatizzazione di comportamenti considerati deviazionistici. Ad esempio, l'incesto è spesso rappresentato in termini di abuso, violenza e devianza, il che contribuisce a mantenere l'associazione negativa con tali pratiche.

Film horror, come **Psycho** di Alfred Hitchcock, hanno utilizzato l'incesto come un simbolo di corruzione morale e psicologica, cementando ulteriormente l'idea che tali relazioni siano intrinsecamente patologiche. La musica e la cultura pop hanno, in molti casi, evitato il tema dell'incesto, trattandolo come un tabù che non può essere discusso apertamente, o relegandolo a menzioni criptiche o provocatorie.

Sfide ai Tabù attraverso la Cultura Popolare

Tuttavia, vi sono anche esempi in cui la cultura popolare ha sfidato i tabù sessuali, incluso l'incesto, trattando tali temi in modo più aperto e meno giudicante. Alcuni artisti e registi hanno tentato di esplorare l'incesto come una forma di ribellione contro le norme sociali imposte, cercando di comprendere le complessità emotive e psicologiche che possono accompagnare tali relazioni.

La crescente visibilità delle comunità LGBTQ+ e delle discussioni sulla fluidità sessuale e di genere ha portato a una maggiore apertura verso il dibattito sui tabù sessuali in generale, anche se l'incesto rimane un tema delicato e raramente affrontato apertamente. Alcuni media indipendenti e underground hanno iniziato a trattare l'incesto in modo più provocatorio, sfidando il pubblico a confrontarsi con le proprie nozioni di moralità e accettabilità.

Conclusione: L'Incesto come Specchio Culturale

In definitiva, le rappresentazioni dell'incesto nella letteratura, nel cinema e nei media fungono da specchio per le ansie, le paure e le contraddizioni della società riguardo alla sessualità e alle relazioni umane. Mentre la cultura popolare tende a mantenere e rafforzare i tabù, esistono anche voci che tentano di sfidare e decostruire queste norme, offrendo nuove prospettive e aprendo spazi per discussioni più complesse e sfumate.

Questo capitolo invita i lettori a riflettere su come le rappresentazioni culturali influenzano la percezione del tabù dell'incesto e a considerare come queste narrazioni potrebbero evolversi in futuro, man mano che le società diventano più consapevoli e aperte alle diverse esperienze umane.

12: Prospettive Futuristiche

Possibili Evoluzioni del Tabù dell'Incesto

L'evoluzione delle norme sociali è un processo dinamico, influenzato da una miriade di fattori, tra cui i cambiamenti tecnologici, le trasformazioni culturali e l'evoluzione del pensiero etico. Il tabù dell'incesto, profondamente radicato nella maggior parte delle culture umane, non è immune a queste dinamiche e potrebbe subire significative mutazioni nel futuro.

Tecnologia e Relazioni Umane

L'avvento di nuove tecnologie ha già iniziato a rimodellare il modo in cui concepiamo e viviamo le relazioni interpersonali. Ad esempio, l'ingegneria genetica e la biotecnologia stanno aprendo nuove possibilità per quanto riguarda la procreazione, permettendo di separare la riproduzione dalla sessualità. Questi progressi potrebbero potenzialmente ridurre o eliminare i rischi genetici associati all'incesto, uno degli argomenti principali utilizzati per giustificare il mantenimento di tale tabù.

In un futuro non troppo lontano, potremmo vedere un aumento delle relazioni non basate sulla procreazione tradizionale, grazie a tecnologie come la fecondazione in vitro e la clonazione genetica. In un contesto in cui la riproduzione può avvenire senza l'accoppiamento sessuale, le ragioni biologiche del tabù dell'incesto potrebbero perdere rilevanza, spingendo la società a riconsiderare le sue posizioni su questo argomento.

Cambiamenti Sociali e Culturali

Parallelamente, i cambiamenti culturali potrebbero influenzare profondamente la percezione dell'incesto. Già oggi, stiamo assistendo a un'espansione della comprensione e dell'accettazione delle diverse forme di amore e relazioni. L'accettazione crescente delle relazioni LGBTQ+, dei poliamori e delle identità non binarie potrebbe rappresentare un primo passo verso una società più aperta anche su altri temi, compreso l'incesto tra adulti consenzienti.

Il futuro potrebbe vedere una diminuzione del giudizio sociale e una maggiore enfasi sulla libertà individuale, portando a una revisione delle leggi e delle norme sociali attuali. In un mondo sempre più globalizzato e connesso, l'influenza di culture diverse potrebbe anche portare a una maggiore diversità di opinioni e pratiche riguardo al tabù dell'incesto.

Implicazioni Etiche

Tuttavia, qualsiasi cambiamento nel tabù dell'incesto comporterebbe una serie di complessi dilemmi etici. Se da un lato la tecnologia potrebbe mitigare i rischi biologici, dall'altro rimarrebbero questioni legate al potere, al consenso e alla dinamica delle relazioni familiari. La sfida principale sarebbe garantire che qualsiasi evoluzione delle norme sociali non comprometta il benessere e la libertà individuale.

Inoltre, il futuro potrebbe portare a una ridefinizione del concetto stesso di famiglia, con strutture familiari più fluide e meno legate a vincoli biologici. Questo potrebbe aprire la strada a nuove forme di relazioni che sfidano le attuali nozioni di parentela e consanguineità.

Etica e Relazioni Interpersonali nel Futuro

Il futuro delle relazioni umane sarà indubbiamente influenzato dalle continue innovazioni tecnologiche e da un'evoluzione delle norme etiche. L'intelligenza artificiale, la realtà virtuale e altre tecnologie emergenti stanno già cambiando il modo in cui le persone interagiscono, e potrebbero anche ridefinire il concetto di intimità e connessione.

L'Intelligenza Artificiale e le Relazioni

Con lo sviluppo di intelligenze artificiali sempre più sofisticate, potremmo vedere un'espansione delle relazioni interpersonali oltre i confini umani tradizionali. Già oggi, esistono esperimenti di intelligenze artificiali programmate per simulare relazioni affettive, e in futuro potrebbe diventare comune avere partner IA. Questo potrebbe ridurre la pressione sociale su certe tipologie di relazioni "non convenzionali" tra esseri umani, includendo anche quelle incestuose, poiché la definizione stessa di relazione potrebbe diventare più ampia e inclusiva.

Evoluzione delle Norme Etiche

Infine, l'evoluzione delle norme etiche potrebbe portare a un mondo in cui la libertà individuale è maggiormente rispettata, purché non vi siano danni evidenti o non consensuali. Il dibattito etico potrebbe spostarsi dalla semplice questione del tabù, concentrandosi invece su come garantire che tutte le relazioni siano basate su rispetto, consenso e benessere reciproco.

Conclusione: Un Futuro di Possibilità

In sintesi, il futuro del tabù dell'incesto e delle relazioni umane è intrinsecamente legato all'evoluzione della tecnologia, della cultura e dell'etica. Sebbene sia impossibile prevedere con certezza come si svilupperanno le norme sociali, è chiaro che le dinamiche in gioco continueranno a mutare, portando a nuove sfide e opportunità per ridefinire cosa significa vivere in una società libera e rispettosa delle diversità.

Le prossime generazioni potrebbero essere testimoni di una trasformazione radicale delle norme attuali, in cui la libertà individuale e la capacità di scegliere come vivere e amare diventano valori fondamentali. Questo capitolo invita i lettori a immaginare un futuro in cui i tabù non sono più imposti dall'alto, ma negoziati e compresi attraverso un dialogo aperto e inclusivo.

13: Poliamore e Relazioni Non Monogame

Esplorazione del Poliamore

Il poliamore, un termine che deriva dal greco "poli" (molti) e dal latino "amor" (amore), si riferisce alla pratica o al desiderio di avere relazioni intime con più partner, con il consenso e la consapevolezza di tutti i soggetti coinvolti. A differenza delle relazioni aperte, che possono concentrarsi più sugli aspetti sessuali al di fuori della coppia principale, il poliamore enfatizza le connessioni emotive multiple. Le relazioni anarchiche, d'altro canto, respingono qualsiasi gerarchia prestabilita tra i partner, abbracciando una visione fluida e non gerarchica delle relazioni affettive.

Questi modelli di relazioni sfidano la nozione tradizionale che l'amore romantico e l'impegno debbano essere esclusivi tra due persone. Invece, il poliamore si basa sull'onestà, la trasparenza e il rispetto reciproco, dove ogni relazione è unica e viene negoziata in base ai bisogni e ai desideri degli individui coinvolti. Questo approccio richiede una comunicazione aperta e la capacità di gestire complessi intrecci emotivi, ma può anche offrire un senso di connessione e supporto che va oltre i limiti delle relazioni monogame.

Sfida alla Monogamia Tradizionale

Le relazioni poliamorose e non monogame rappresentano una sfida diretta alla monogamia tradizionale, che è stata a lungo considerata il modello normativo e moralmente accettabile per le relazioni romantiche. La monogamia è spesso associata a concetti come la fedeltà, l'esclusività e l'amore eterno, che sono stati culturalmente e religiosamente codificati in molte società. Tuttavia, questi ideali sono sempre stati messi alla prova dalla realtà delle relazioni umane, dove infedeltà, divorzio e relazioni extraconiugali sono comuni.

Il poliamore propone un'alternativa a queste norme, suggerendo che l'amore e l'affetto non debbano essere limitati a una sola persona. Questa visione si oppone alla narrazione tradizionale secondo cui l'amore deve essere esclusivo per essere autentico o valido. Invece, i poliamorosi sostengono che l'amore può essere moltiplicato, piuttosto che diviso, e che la fedeltà non si misura dalla monogamia, ma dall'onestà e dal rispetto all'interno delle relazioni.

Questo modello di relazione mette in discussione le aspettative sociali riguardo all'amore, alla sessualità e all'impegno, offrendo nuove possibilità per esplorare la connessione umana al di fuori dei vincoli tradizionali. Tuttavia, questa sfida alla monogamia tradizionale non è senza difficoltà, poiché coloro che praticano il poliamore spesso devono affrontare pregiudizi e incomprensioni sia nella società che nelle loro comunità più vicine.

Storia e Sviluppo delle Relazioni Non Monogame

Le radici culturali e filosofiche del poliamore possono essere rintracciate in diverse tradizioni storiche e movimenti sociali. Alcune culture antiche, come quelle dell'antica Grecia e Roma, praticavano forme di non monogamia, sebbene queste fossero spesso caratterizzate da disparità di genere e di potere. Nel corso della storia, la non monogamia consensuale ha trovato espressione in vari contesti, dalle comunità utopiche del XIX secolo ai movimenti controculturali degli anni '60, che hanno messo in discussione le norme sessuali e relazionali convenzionali.

Il movimento poliamoroso moderno ha iniziato a prendere forma negli anni '80 e '90, con l'avvento di una maggiore consapevolezza e discussione pubblica sui diversi modelli di relazioni. Testi come *The Ethical Slut* di Dossie Easton e Janet Hardy hanno contribuito a diffondere la conoscenza del poliamore, fornendo una guida su come gestire relazioni multiple in modo etico e consensuale. Questo periodo ha visto anche la nascita di comunità online e di gruppi di supporto che hanno offerto spazio per discutere e praticare il poliamore.

Nel tempo, il movimento poliamoroso si è sviluppato, con una crescente visibilità nei media e una maggiore accettazione sociale, anche se le sfide rimangono. Oggi, il poliamore è riconosciuto come una legittima forma di relazione da molte persone, sebbene continui a essere marginalizzato rispetto alla monogamia.

Legislazione e Impatto Sociale

Le implicazioni legali della non monogamia consensuale sono complesse e variano notevolmente da paese a paese. Mentre il poliamore in sé non è illegale, le leggi sulla famiglia e sul matrimonio sono generalmente strutturate intorno al modello monogamico. In molti paesi, la bigamia è illegale, e le persone che vivono in relazioni poliamorose spesso non hanno accesso alle stesse protezioni legali di cui godono le coppie monogame, come i diritti di successione, l'assicurazione sanitaria condivisa e la custodia dei figli.

L'impatto sociale della non monogamia consensuale è altrettanto significativo. Le persone che praticano il poliamore spesso devono affrontare pregiudizi e discriminazioni, sia sul lavoro che nelle loro comunità. Tuttavia, con la crescente visibilità del poliamore e delle altre forme di non monogamia, stanno emergendo nuove conversazioni sulle relazioni, l'amore e la sessualità, che potrebbero portare a cambiamenti nelle leggi e nelle norme sociali.

Questo capitolo offre una visione completa del poliamore e delle relazioni non monogame, analizzando come queste sfidano le norme tradizionali, si sviluppano storicamente e affrontano le implicazioni legali e sociali del mondo moderno.

Questo capitolo offre una visione completa del poliamore e delle relazioni non monogame, analizzando come queste sfidano le norme tradizionali, si sviluppano storicamente e affrontano le implicazioni legali e sociali del mondo moderno.

14: Sadomasochismo e BDSM

Introduzione al BDSM

Il BDSM è un acronimo che si riferisce a una varietà di pratiche e dinamiche relazionali che includono Bondage e Disciplina (B/D), Dominazione e Sottomissione (D/S), Sadismo e Masochismo (S/M). Queste pratiche possono variare ampiamente e comprendere una gamma di attività consensuali che ruotano attorno al controllo, al potere, e al piacere. Il BDSM è spesso frainteso o stigmatizzato a causa delle sue associazioni con il dolore fisico e la sottomissione, ma per molti praticanti, rappresenta un'espressione profonda di fiducia, intimità e connessione emotiva.

Le pratiche di BDSM possono includere l'uso di corde, manette, fruste, giochi di ruolo e molti altri strumenti o rituali. Nonostante l'aspetto esterno possa sembrare estremo o persino violento, il BDSM è fondato su principi di consenso e sicurezza, spesso riassunti nell'acronimo SSC (Sano, Sicuro e Consensuale) o RACK (Risk-Aware Consensual Kink). Questi principi sottolineano l'importanza di un consenso informato e della comprensione reciproca tra tutte le parti coinvolte.

Psicologia e Consenso nel BDSM

Uno degli aspetti fondamentali del BDSM è il consenso, che deve essere esplicito, continuo e può essere ritirato in qualsiasi momento. Questo tipo di relazioni richiede una comunicazione chiara e aperta, dove i partecipanti discutono e concordano i limiti, i desideri e le aspettative prima di impegnarsi in qualsiasi attività. Il consenso nel BDSM è considerato un processo continuo, che deve essere riaffermato in ogni momento della relazione o della scena, termine utilizzato per descrivere una sessione o un incontro BDSM.

Dal punto di vista psicologico, il BDSM può essere visto come una forma di esplorazione del potere e del controllo in un ambiente sicuro e consensuale. Per molti praticanti, la dinamica di dominazione e sottomissione può creare un senso di liberazione e di appagamento emotivo. Alcuni psicologi vedono il BDSM come una via per elaborare traumi o ansie, mentre altri lo considerano semplicemente un'espressione sana e consensuale della sessualità umana.

Il consenso nel BDSM è anche strettamente legato al concetto di "safe word", una parola o un segnale concordato che consente ai partecipanti di interrompere immediatamente l'attività se necessario. Questo meccanismo di sicurezza è un elemento chiave per garantire che tutte le parti si sentano al sicuro e rispettate durante l'interazione.

Miti e Realtà

Il BDSM è spesso circondato da miti e stereotipi che lo dipingono come una pratica pericolosa, deviante o associata a patologie psicologiche. Uno dei miti più comuni è che le persone che praticano BDSM siano spinte da un desiderio di violenza o che abbiano subito abusi in passato. Tuttavia, numerosi studi hanno dimostrato che i praticanti di BDSM non sono più inclini a comportamenti violenti o a disturbi psicologici rispetto alla popolazione generale. Al contrario, molte persone coinvolte nel BDSM riportano un alto livello di soddisfazione relazionale e una comunicazione più aperta e onesta con i propri partner.

Un altro mito è che il BDSM sia intrinsecamente degradante o dannoso, specialmente per i partecipanti sottomessi. Tuttavia, per molti praticanti, la sottomissione può essere una scelta deliberata e consapevole che porta a un'esperienza di empowerment personale. La dinamica di potere nel BDSM è spesso paritaria e basata su un accordo reciproco, con ruoli che possono essere temporanei o permanenti, a seconda delle preferenze individuali.

Rappresentazione nei Media

La rappresentazione del BDSM nei media è spesso sensazionalistica e distorta. Film, serie TV e romanzi tendono a enfatizzare gli aspetti più estremi o controversi del BDSM, spesso senza rappresentare accuratamente le pratiche o i principi di consenso che lo sottendono. Un esempio notevole è la trilogia *Cinquanta Sfumature*, che ha portato il BDSM alla ribalta del mainstream ma è stata criticata da molti praticanti per la rappresentazione inaccurata e problematica delle dinamiche di potere e del consenso.

Nella letteratura e nel cinema, il BDSM è spesso usato come metafora per esplorare temi di potere, controllo e desiderio. Tuttavia, le rappresentazioni di queste pratiche possono rafforzare stereotipi dannosi o perpetuare incomprensioni. In alcuni casi, il BDSM è ritratto come un comportamento patologico o come il risultato di traumi irrisolti, mentre in altri, è romanticizzato in modo irrealistico, senza riconoscere la complessità e la responsabilità che queste pratiche comportano.

Nonostante queste sfide, c'è una crescente consapevolezza e accettazione del BDSM come parte legittima della diversità sessuale umana. Questa evoluzione si riflette in rappresentazioni più accurate e sfumate nei media recenti, che cercano di mostrare il BDSM come una pratica consensuale e sicura, pur riconoscendo le sue complessità.

Questo capitolo offre un'esplorazione dettagliata del BDSM, smantellando miti e pregiudizi, e promuovendo una comprensione più completa e rispettosa di queste pratiche.

15: Agesimo e Relazioni con Differenze di Età Estreme

Introduzione al Concetto di Agesimo

Il termine "agesimo" si riferisce alla discriminazione o al pregiudizio basato sull'età, che si manifesta spesso attraverso stereotipi negativi verso le persone molto giovani o anziane. Nel contesto delle relazioni interpersonali, il pregiudizio si manifesta quando una coppia con una significativa differenza di età è vista con sospetto o disapprovazione. Questa disapprovazione può derivare da varie fonti, tra cui norme sociali consolidate, preoccupazioni morali o credenze sull'equilibrio di potere all'interno della relazione.

Le relazioni con ampie differenze di età, specialmente quando uno dei partner è molto giovane e l'altro significativamente più anziano, sono spesso giudicate attraverso una lente di pregiudizi culturali e sociali. Questo può comportare la presunzione che tali relazioni siano inappropriate, manipolative o persino abusive, senza considerare le specificità di ogni caso individuale. L'agesimo, quindi, non solo influisce sulla percezione esterna delle relazioni, ma può anche avere un impatto sugli stessi individui coinvolti, causando tensioni interne e influenzando la dinamica della coppia.

Dinamiche di Potere e Consenso

Una delle principali preoccupazioni nelle relazioni con grandi differenze di età è il potenziale squilibrio di potere. Questo squilibrio può derivare da diversi fattori, tra cui la disparità di esperienza di vita, di stabilità finanziaria, di status sociale e di consapevolezza delle dinamiche relazionali. Quando uno dei partner ha una posizione di potere significativamente maggiore rispetto all'altro, può sorgere il timore che il consenso non sia del tutto libero ma influenzato da pressioni sottili o da aspettative implicite.

Il consenso è un concetto fondamentale in qualsiasi relazione, ma nelle relazioni con differenze di età estreme, il suo significato e la sua applicazione possono diventare più complessi. Per esempio, in una relazione tra un giovane adulto e una persona molto più anziana, potrebbe esserci una tendenza a idealizzare il partner più esperto, il che potrebbe offuscare la capacità di prendere decisioni autonome. D'altra parte, il partner più anziano potrebbe sentirsi sotto pressione per assumere un ruolo guida o protettivo, influenzando ulteriormente la dinamica del consenso.

È essenziale riconoscere che non tutte le relazioni con differenze di età significative sono problematiche o coercitive. Molti individui trovano una connessione genuina e paritaria nonostante la disparità di età. Tuttavia, è anche importante essere consapevoli delle potenziali sfide e delle dinamiche di potere che possono emergere, assicurandosi che entrambe le parti siano in grado di esprimere il proprio consenso in modo libero e informato.

Casi Studio e Legislazione

La storia è ricca di esempi di relazioni con significative differenze di età, alcune delle quali hanno suscitato notevole dibattito pubblico e legislativo. In molte culture, queste relazioni erano una volta comuni, specialmente quando le giovani donne venivano date in matrimonio a uomini molto più anziani per ragioni economiche o sociali. Tuttavia, con l'evoluzione delle norme sociali, tali pratiche sono diventate meno accettabili e sono state regolate più strettamente dalla legge.

Oggi, le leggi che regolano le relazioni con grandi differenze di età variano notevolmente da un paese all'altro. In alcune giurisdizioni, le relazioni tra adulti consenzienti di età diverse sono perfettamente legali e accettate, purché non vi siano prove di coercizione o abuso. In altre, tuttavia, esistono leggi specifiche che vietano o limitano tali relazioni, soprattutto quando coinvolgono individui giovani o vulnerabili. Queste leggi sono spesso giustificate con l'intento di proteggere i più giovani da potenziali abusi, ma possono anche essere criticate per limitare l'autonomia personale e il diritto di scegliere liberamente i propri partner.

Un caso particolarmente noto è quello di Jerry Lee Lewis, il famoso musicista rock 'n' roll, che nel 1958 sposò la sua cugina di secondo grado, Myra Gale Brown, quando lei aveva solo 13 anni e lui 22. Il matrimonio suscitò uno scandalo enorme, non solo per la giovane età di Myra, ma anche per il fatto che era una sua parente. Questo episodio è spesso citato come esempio delle complesse reazioni sociali e legali che possono scaturire da relazioni con significative differenze di età.

Altri casi più recenti possono riguardare celebrità o figure pubbliche che hanno intrapreso relazioni con partner molto più giovani o anziani, spesso scatenando dibattiti sulla natura del consenso e sulla moralità di tali unioni. In molti di questi casi, le percezioni pubbliche sono state influenzate non solo dall'età dei partner, ma anche dal contesto sociale e culturale in cui la relazione è emersa.

Questo capitolo esamina in profondità le dinamiche delle relazioni con differenze di età estreme, cercando di offrire una visione equilibrata che consideri sia le potenziali sfide che le opportunità di crescita e connessione. Attraverso l'analisi di casi studio e legislazioni comparate, il capitolo mira a fornire una comprensione più sfumata e completa di queste complesse dinamiche relazionali.

16: Feticismi e Parafilie

Introduzione ai Feticismi

I feticismi sono attrazioni sessuali intense verso oggetti, parti del corpo non genitali o situazioni particolari, che diventano necessari per il raggiungimento del piacere sessuale. Le parafilie, d'altro canto, includono un'ampia gamma di interessi sessuali non convenzionali che possono coinvolgere comportamenti considerati atipici o persino problematici. La definizione di feticismo e parafilia è fluida, e ciò che è considerato un feticismo in una cultura o in un'epoca può essere visto come normale in un altro contesto.

Il termine "feticismo" è stato introdotto per la prima volta nel contesto sessuale da Sigmund Freud, che lo descriveva come una forma di deviazione in cui un oggetto specifico sostituisce il partner sessuale. Da allora, la comprensione del feticismo è cambiata notevolmente, e oggi è spesso considerato una variazione della sessualità umana, piuttosto che una deviazione patologica. Tuttavia, esistono ancora dibattiti accesi su dove tracciare la linea tra normalità e patologia.

La Linea tra Normalità e Patologia

Uno degli aspetti più controversi della discussione sui feticismi e sulle parafilie riguarda la distinzione tra ciò che è considerato "normale" e ciò che è visto come "patologico." La definizione stessa di parafilia implica una deviazione dalla norma, ma la norma è spesso determinata da consuetudini sociali e culturali, piuttosto che da criteri scientifici obiettivi.

Secondo il Manuale Diagnostico e Statistico dei Disturbi Mentali (DSM-5), un comportamento sessuale può essere considerato patologico se causa disagio significativo alla persona che lo sperimenta o se comporta rischi di danno per sé stessi o per gli altri. Tuttavia, molti psicologi e sessuologi sostengono che le preferenze sessuali non convenzionali non dovrebbero essere etichettate come disturbi a meno che non interferiscano direttamente con il benessere dell'individuo o dei partner coinvolti.

La questione si complica ulteriormente quando si considerano le implicazioni etiche e sociali di classificare certi comportamenti come patologici. Per esempio, mentre alcune parafilie possono essere effettivamente dannose, come il sadismo estremo che coinvolge persone non consenzienti, altre pratiche come il BDSM consensuale, che può includere elementi di feticismo, sono spesso praticate in modo sicuro e rispettoso, sfidando così la categorizzazione rigida della patologia.

Implicazioni Psicologiche e Sociali

Le implicazioni psicologiche e sociali dei feticismi sono profonde e complesse. Da un lato, le persone con feticismi possono sperimentare un forte senso di isolamento o vergogna, specialmente se le loro preferenze sono stigmatizzate dalla società. Questo stigma può portare a problemi di salute mentale, come ansia o depressione, e può scoraggiare le persone dal cercare supporto o dal discutere apertamente delle loro preferenze con i partner.

Dall'altro lato, la crescente accettazione della diversità sessuale in molte culture ha portato a un maggiore riconoscimento e a una normalizzazione dei feticismi e delle parafilie. Comunità online e gruppi di supporto offrono spazi sicuri dove gli individui possono esplorare le proprie preferenze senza giudizio, favorendo un senso di appartenenza e accettazione.

Il ruolo della società e della comunità scientifica nella percezione dei feticismi è cruciale. Mentre alcuni approcci patologizzano questi comportamenti, altri incoraggiano una visione più aperta e inclusiva, che riconosce la varietà delle esperienze sessuali umane come parte della naturale diversità della sessualità.

Rappresentazione nei Media

I feticismi sono spesso rappresentati nei media in modi che possono essere sia illuminanti che problematici. Da una parte, film, serie televisive, e libri che trattano temi come il BDSM o altri feticismi possono contribuire a sensibilizzare il pubblico e a demistificare questi comportamenti. Dall'altra, le rappresentazioni tendono spesso a sensazionalizzare o ridicolizzare le pratiche non convenzionali, perpetuando stereotipi dannosi e incomprensioni.

Per esempio, film come **Cinquanta sfumature di grigio** hanno portato il BDSM al centro della cultura popolare, ma sono stati anche criticati per aver presentato una visione distorta e pericolosa di queste pratiche, che enfatizza dinamiche di potere problematiche piuttosto che l'importanza del consenso e della comunicazione aperta tra i partner.

Le rappresentazioni accurate e rispettose dei feticismi nei media sono essenziali per promuovere una maggiore comprensione e accettazione. Quando i media riescono a presentare questi temi in modo empatico e informato, possono contribuire a ridurre lo stigma e a educare il pubblico su una parte spesso fraintesa della sessualità umana.

Questo capitolo mira a fornire una panoramica equilibrata e informata sui feticismi e sulle parafilie, esplorando le loro radici psicologiche, le implicazioni sociali e le rappresentazioni mediatiche. Attraverso un'analisi critica e una discussione aperta, il capitolo invita i lettori a riflettere sulle complesse dinamiche che circondano queste forme di espressione sessuale e sulla necessità di un approccio più inclusivo e rispettoso alla diversità sessuale.

17: Zoofilia

Introduzione alla Zoofilia

La zoofilia, definita come l'attrazione sessuale verso gli animali, è un argomento estremamente controverso che solleva questioni complesse a livello legale, etico e sociale. Storicamente, la zoofilia è stata ampiamente condannata e stigmatizzata, considerata non solo una violazione delle norme sociali, ma anche un crimine in molte giurisdizioni. Questo capitolo si propone di esplorare la zoofilia da una prospettiva multidimensionale, esaminando come viene definita, trattata dalla legge, e percepita sia dalla società che dalla comunità scientifica.

La zoofilia è spesso confusa con il termine bestialità, che si riferisce all'atto sessuale con un animale. Tuttavia, la zoofilia può includere un'ampia gamma di comportamenti e sentimenti, non tutti dei quali implicano necessariamente attività sessuale. Questo capitolo cerca di fare chiarezza su queste distinzioni e di fornire un quadro completo delle problematiche associate a questa parafilia.

Disturbo Psicologico o Preferenza Sessuale?

La classificazione della zoofilia come disturbo mentale è stata oggetto di dibattito nella comunità scientifica. Nel Manuale Diagnostico e Statistico dei Disturbi Mentali (DSM-5), la zoofilia è inclusa tra le parafilie, ma come altre parafilie, non è considerata un disturbo a meno che non provochi disagio significativo o danni a sé stessi o agli altri.

Alcuni esperti sostengono che la zoofilia dovrebbe essere considerata un disturbo psicologico, date le implicazioni etiche e legali che comporta. La questione è particolarmente controversa perché coinvolge non solo l'individuo che prova attrazione verso gli animali, ma anche il benessere dell'animale stesso. Le leggi in molti paesi riflettono questa preoccupazione, criminalizzando la bestialità e considerando la zoofilia un comportamento aberrante che richiede intervento.

D'altra parte, ci sono argomentazioni secondo cui la patologizzazione della zoofilia potrebbe essere eccessiva o basata su norme culturali piuttosto che su criteri scientifici obiettivi. Alcuni sostengono che la zoofilia, come altre parafilie, potrebbe non essere intrinsecamente dannosa se vissuta in un contesto che rispetta il benessere animale e se non comporta coercizione o abuso. Tuttavia, questa visione è fortemente contestata, e le implicazioni etiche di tali relazioni sono profondamente problematiche.

Benessere Animale e Consenso

Uno degli aspetti più critici e discussi della zoofilia riguarda il concetto di consenso. A differenza degli esseri umani, gli animali non possono esprimere un consenso consapevole e informato. Questo fatto pone gravi problemi etici, in quanto qualsiasi relazione sessuale tra un essere umano e un animale può essere considerata intrinsecamente coercitiva o abusiva.

Il benessere animale è una considerazione centrale in ogni discussione sulla zoofilia. Gli atti sessuali tra esseri umani e animali possono causare danni fisici e psicologici agli animali, che non sono in grado di comprendere o acconsentire a tali atti. Le leggi che criminalizzano la bestialità sono spesso giustificate sulla base della protezione degli animali da abusi e maltrattamenti, riflettendo una preoccupazione crescente per il loro benessere.

Inoltre, il concetto di consenso animale è stato al centro di dibattiti filosofici e legali. Alcuni propongono che il rapporto tra umani e animali dovrebbe essere governato da un'etica che rispetta la dignità e l'integrità dell'animale, evitando qualsiasi forma di sfruttamento. Questo approccio sostiene che, data l'incapacità degli animali di dare un consenso informato, qualsiasi forma di contatto sessuale tra esseri umani e animali è eticamente inaccettabile.

Altri ancora argomentano che la questione del consenso non può essere applicata agli animali nello stesso modo in cui lo è per gli esseri umani, dato che le relazioni tra le specie sono governate da dinamiche completamente diverse. Tuttavia, questa posizione è largamente minoritaria e controversa, soprattutto in un contesto legale e sociale che tende a privilegiare la protezione degli animali come esseri vulnerabili.

(D'altro canto in questo tipo di controversie vi è insita un'enorme ipocrisia. Chiediamo forse il consenso agli animali che macelliamo e mangiamo? E in senso più ampio ancora, chiediamo forse il consenso alle popolazioni civili che vengono bombardate e uccise durante una guerra? E' oltremodo evidente che la legge naturale del più forte non può essere negata e/o ignorata e che viene tutt'ora naturalmente applicata nel regno umano come nel regno animale. Ciò non giustifica certamente una violenza gratuita e immotivata a maggior ragione se può essere evitata. Nemmeno è giustificabile però un discorso ipocrita e buonista come quello degli pseudo-pacifisti e/o animalisti a tutti i costi. In ogni caso la legge naturale della realtà di questo mondo non può e non deve essere ignorata per piegare la logica e la razionalità a ideali falsi e utopistici.)

Questo capitolo esplora la zoofilia attraverso una lente critica, affrontando le complesse questioni legali, etiche e psicologiche che essa solleva. Sebbene sia considerata una parafilia e un crimine in molte giurisdizioni, il dibattito su come la zoofilia debba essere trattata dalla società e dalla legge rimane aperto. Attraverso un'analisi approfondita, questo capitolo invita i lettori a riflettere sulla complessità della sessualità umana e sull'ideale di proteggere gli animali da qualsiasi forma di sfruttamento.

18: Sessualità e Disabilità

Sessualità nelle Persone con Disabilità

La sessualità è una parte fondamentale dell'esperienza umana, ma per le persone con disabilità, essa è spesso trattata come un argomento tabù. Le sfide che queste persone affrontano in ambito sessuale derivano non solo dalle barriere fisiche, ma anche dai pregiudizi sociali che le considerano come asessuate o incapaci di vivere una vita sessuale soddisfacente. Questo capitolo esplora come la sessualità delle persone con disabilità sia stata storicamente marginalizzata e come le attitudini stiano lentamente cambiando.

La società tende a percepire le persone con disabilità attraverso una lente che enfatizza la loro differenza e la loro vulnerabilità, trascurando la loro capacità di desiderare e di essere desiderate. Questa visione riduttiva contribuisce a creare un ambiente in cui la sessualità dei disabili è ignorata o addirittura negata. Di conseguenza, le persone con disabilità possono sperimentare un profondo isolamento emotivo e una mancanza di intimità, aggravata dalla mancanza di educazione sessuale adeguata e dall'accesso limitato a risorse sessuali appropriate.

Diritti Sessuali e Accesso

Il riconoscimento dei diritti sessuali delle persone con disabilità è essenziale per promuovere una società inclusiva. I diritti sessuali includono il diritto all'informazione, all'educazione sessuale, all'accesso a servizi di salute sessuale e alla possibilità di vivere la propria sessualità senza coercizione, discriminazione o violenza. Tuttavia, molte persone con disabilità si trovano ad affrontare ostacoli significativi nell'esercizio di questi diritti.

Una delle sfide principali è l'accesso limitato a servizi e informazioni sessuali. Le barriere architettoniche, la mancanza di formazione dei professionisti sanitari e i pregiudizi culturali possono tutti contribuire a rendere difficile per le persone con disabilità accedere alle risorse di cui hanno bisogno. Inoltre, esiste una mancanza di sostegno per la vita intima, come assistenza sessuale o programmi di educazione sessuale adattati, che potrebbe aiutare a superare queste barriere.

Un'altra questione cruciale riguarda l'autonomia sessuale. Le persone con disabilità, in particolare quelle con disabilità intellettive o cognitive, sono spesso soggette a un controllo eccessivo da parte di caregiver o familiari, che possono limitare la loro capacità di fare scelte autonome riguardo alla loro sessualità. Questo solleva domande importanti sull'equilibrio tra protezione e autonomia, e su come garantire che le persone con disabilità possano esercitare i loro diritti sessuali in modo sicuro e consapevole.

Testimonianze e Casi Studio

Per comprendere meglio le sfide e le esperienze delle persone con disabilità in ambito sessuale, è importante ascoltare direttamente le loro storie. Le testimonianze personali offrono una visione unica delle realtà quotidiane di queste persone, mettendo in luce sia le difficoltà che le strategie di resistenza e affermazione.

Un caso emblematico è quello di persone con disabilità motoria che, nonostante le difficoltà fisiche, hanno trovato modi per vivere una vita sessuale soddisfacente attraverso l'uso di tecnologie coadiuvanti o il supporto di partner comprensivi. Altre testimonianze possono riguardare persone con disabilità cognitive che, grazie a programmi di educazione sessuale mirati, hanno potuto sviluppare una maggiore consapevolezza e autonomia nel fare scelte riguardanti la propria sessualità.

Inoltre, ci sono storie di attivisti che hanno lottato per il riconoscimento dei diritti sessuali delle persone con disabilità, sfidando le norme sociali e le politiche che negano a queste persone il diritto di vivere la loro sessualità in modo pieno e soddisfacente. Queste testimonianze non solo mettono in luce le sfide, ma anche le opportunità di cambiamento e le potenzialità di una società che riconosce e rispetta la sessualità di tutti i suoi membri.

Questo capitolo intende sensibilizzare sul tema della sessualità delle persone con disabilità, mettendo in evidenza le sfide che affrontano e l'importanza del riconoscimento dei loro diritti sessuali. Attraverso un'esplorazione delle barriere esistenti e delle testimonianze di chi ha sfidato queste barriere, si mira a promuovere una visione più inclusiva e rispettosa della sessualità umana.

19: Necrofilia

La necrofilia è un tema complesso e profondamente disturbante che, nonostante sia estremamente raro, ha attirato l'attenzione sia della psicologia che del diritto. Questo capitolo si propone di esplorare la necrofilia dal punto di vista psicologico, legale e culturale, analizzando come questa parafilia estrema sia trattata e percepita nella società.

Esplorazione della Necrofilia

La necrofilia, definita come l'attrazione sessuale verso i cadaveri, è uno dei tabù più radicati e universali. Questa attrazione è generalmente vista come una grave deviazione dalla norma, una rottura totale dei confini etici e morali che regolano le interazioni umane. La necrofilia viene spesso rappresentata come un simbolo di perversione estrema, riflettendo una profonda repulsione culturale per l'idea di intimità con i morti.

Dal punto di vista psicologico, la necrofilia è considerata una parafilia rara e grave. Gli studi clinici su questa condizione sono limitati a causa della sua rarità e della natura estremamente stigmatizzata del comportamento. Tuttavia, quando viene analizzata, la necrofilia è spesso associata a disturbi mentali più ampi, come il disturbo della personalità antisociale o psicopatica, dove il rispetto per le norme sociali e i diritti degli altri è gravemente compromesso.

Necrofilia e Disturbo Mentale

La necrofilia è spesso considerata un disturbo psicologico grave, e la maggior parte delle persone che ne soffrono sono soggette a profondi disturbi della personalità. In molti casi, la necrofilia può essere un sintomo di una psicopatologia più ampia, dove il confine tra vita e morte diventa confuso o irrilevante. Questa parafilia può essere vista come una forma di controllo estremo, dove il necrofilo può esercitare potere su un corpo totalmente inerme, evitando qualsiasi forma di reciprocità o rifiuto.

Dal punto di vista clinico, trattare la necrofilia è estremamente difficile, poiché la natura stessa del disturbo rende complicato l'instaurarsi di una relazione terapeutica efficace. Inoltre, il profondo stigma sociale associato alla necrofilia fa sì che pochi individui con questa parafilia cerchino aiuto, contribuendo così alla sua persistenza e segretezza.

Implicazioni Legali e Culturali

Legalmente, la necrofilia è proibita in quasi tutte le giurisdizioni del mondo. Le leggi contro la profanazione dei cadaveri, spesso inserite all'interno del codice penale, cercano di proteggere la dignità dei defunti e il diritto delle famiglie a vedere rispettata la memoria dei loro cari. In molti paesi, la necrofilia è punita con pene severe, che possono includere il carcere e la registrazione come molestatori sessuali.

Culturalmente, la necrofilia suscita una forte ripugnanza e spesso viene utilizzata come simbolo di depravazione morale estrema nelle rappresentazioni artistiche e mediatiche. I pochi casi di necrofilia documentati hanno generato un forte shock nell'opinione pubblica, portando a dibattiti su come affrontare legalmente e clinicamente tale comportamento.

La necrofilia non solo sfida le norme sociali e legali, ma anche le nozioni fondamentali di rispetto per la vita e la morte. La discussione legale e culturale su questo tabù solleva domande su come la società dovrebbe gestire le parafilie estreme e quali siano i limiti del comportamento accettabile, anche quando il soggetto del desiderio è incapace di opporre resistenza o dare consenso.

Questo capitolo offre un'analisi completa della necrofilia, esplorando come questa parafilia sia interpretata dal punto di vista psicologico, legale e culturale. Attraverso la comprensione delle sue implicazioni, si cerca di far luce su uno dei comportamenti umani più stigmatizzati e meno compresi.

20: Sessualità e Religione

La sessualità e la religione hanno una relazione complessa e spesso conflittuale, che si è sviluppata e trasformata nel corso dei secoli. Questo capitolo esplora come le dottrine religiose influenzano le norme sessuali, i conflitti che emergono tra la libertà sessuale e le credenze religiose, e i movimenti di riforma che cercano di riconciliare queste tensioni.

Sessualità e Dogma Religioso

Le religioni hanno storicamente esercitato un'enorme influenza sulle pratiche sessuali, imponendo regole rigide su ciò che è considerato moralmente accettabile. Molte religioni monoteistiche, come il Cristianesimo, l'Islam e l'Ebraismo, hanno stabilito norme sessuali basate su testi sacri e insegnamenti religiosi che spesso promuovono la castità, la monogamia, e il sesso esclusivamente all'interno del matrimonio.

Questi dogmi non solo regolano i comportamenti sessuali individuali ma modellano anche le leggi civili e le strutture sociali di intere società. Ad esempio, l'opposizione della Chiesa cattolica all'uso dei contraccettivi, al divorzio e alle relazioni omosessuali riflette un desiderio di mantenere un ordine sociale basato su principi religiosi tradizionali. Allo stesso modo, l'Islam impone severe restrizioni sulla condotta sessuale, con rigide punizioni per l'adulterio e la fornicazione, che si riflettono in molte leggi dei paesi a maggioranza musulmana.

Conflitti tra Libertà Sessuale e Religione

Con l'evolversi delle società e l'affermarsi di valori più liberali, le tensioni tra religione e sessualità si sono intensificate. La spinta per il riconoscimento dei diritti LGBTQ+, la liberalizzazione delle norme sul divorzio e la maggiore accettazione della sessualità prematrimoniale e non eteronormativa sono state spesso accolte con forte resistenza da parte delle istituzioni religiose.

Questi conflitti emergono anche all'interno delle comunità religiose stesse, dove alcuni credenti cercano di vivere in accordo con le loro identità sessuali e allo stesso tempo mantenere la propria fede. Questo può portare a una divisione tra coloro che sostengono una reinterpretazione dei testi religiosi per adattarsi a una maggiore inclusività e coloro che vedono tali cambiamenti come una minaccia alla purezza della fede.

Il conflitto tra libertà sessuale e religione non si limita alle questioni di omosessualità o diritti delle donne, ma si estende anche alla regolamentazione della procreazione e alla pornografia. La tensione tra il desiderio umano e il dogma religioso crea un campo di battaglia morale che si riflette sia nelle leggi che nella cultura popolare.

Riforme e Resistenze

Nonostante l'opposizione, all'interno di molte comunità religiose sono emersi movimenti di riforma che cercano di modernizzare le interpretazioni delle norme sessuali. Questi movimenti, spesso guidati da teologi progressisti, attivisti e laici, sostengono una lettura più contestualizzata e meno letterale dei testi sacri, proponendo una visione della sessualità che sia compatibile con i valori contemporanei di uguaglianza e libertà.

Ad esempio, alcune denominazioni cristiane hanno iniziato a riconoscere e celebrare il matrimonio tra persone dello stesso sesso, mentre movimenti femministi all'interno dell'Islam e dell'Ebraismo lottano per una maggiore autonomia delle donne nella sfera sessuale e riproduttiva. Questi sforzi, tuttavia, incontrano forti resistenze da parte delle fazioni più conservatrici, che vedono tali riforme come una minaccia all'integrità della loro fede.

Le resistenze al cambiamento possono assumere forme diverse, dalla pressione sociale e morale all'espulsione delle voci dissidenti, fino alla repressione legale nei paesi dove la religione ha un forte controllo sulle istituzioni statali. Tuttavia, la presenza di questi movimenti riformisti all'interno delle religioni tradizionali indica un crescente riconoscimento del bisogno di adattamento in risposta ai cambiamenti sociali.

Questo capitolo ha esplorato la complessa relazione tra sessualità e religione, mettendo in luce le tensioni e i conflitti che emergono quando il dogma religioso incontra le pressioni per una maggiore libertà sessuale. Mentre i movimenti di riforma continuano a sfidare le norme tradizionali, la resistenza al cambiamento dimostra quanto profondamente radicati siano questi tabù religiosi nella nostra società.

21: Incesto tra Cugini

L'incesto tra cugini rappresenta un argomento delicato che tocca corde profonde in molte culture e società. Questo capitolo esplora il tabù associato a queste relazioni, mettendo in luce le differenze culturali e legali, i rischi genetici e le rappresentazioni mediatiche.

Il Tabù dell'Incesto tra Cugini

Il tabù dell'incesto tra cugini è meno universale rispetto a quello che riguarda le relazioni tra fratelli o genitori e figli. In molte culture e società, il matrimonio tra cugini è stato, e in alcuni casi è ancora, considerato accettabile o persino desiderabile per mantenere il patrimonio familiare e rafforzare i legami tra famiglie. Tuttavia, in altre parti del mondo, tali unioni sono viste con sospetto e stigmatizzate come una forma di incesto.

Le radici di questo tabù variano ampiamente. In alcune culture, la proibizione del matrimonio tra cugini può derivare da preoccupazioni religiose, morali o sociali, mentre in altre si tratta più di un'espressione di valori moderni che enfatizzano la diversità genetica e la riduzione dei rischi per la salute.

Analisi Genetica e Culturale

Dal punto di vista genetico, il matrimonio tra cugini di primo grado aumenta leggermente il rischio di malattie genetiche recessive nei figli, ma l'aumento del rischio è generalmente molto più contenuto rispetto a quello associato a relazioni più strette come quelle tra fratelli. La ricerca scientifica suggerisce che il rischio di anomalie congenite nei figli di cugini di primo grado è circa del 3-4%, rispetto al 2-3% della popolazione generale. Questo dato è stato interpretato in modo diverso a seconda delle normative e delle percezioni culturali.

Culturalmente, le percezioni variano ampiamente. In molte società occidentali, l'idea di una relazione tra cugini può suscitare disapprovazione, ma in altre regioni, come in alcune parti del Medio Oriente, dell'Asia meridionale e del Nord Africa, il matrimonio tra cugini è tradizionalmente accettato e talvolta incoraggiato. Queste differenze riflettono non solo la diversità culturale, ma anche i valori e le priorità di ciascuna società.

Legislazione e Rappresentazione

La legislazione riguardante il matrimonio tra cugini varia considerevolmente da paese a paese. Negli Stati Uniti, per esempio, il matrimonio tra cugini di primo grado è legale in circa la metà degli stati, ma in altri è vietato o fortemente regolamentato. In Europa, le leggi variano ampiamente, con alcuni paesi che lo permettono senza restrizioni, mentre altri pongono limiti significativi. In molti paesi del Medio Oriente e dell'Asia, invece, queste unioni sono non solo legali, ma culturalmente valorizzate.

Nei media, le rappresentazioni delle relazioni tra cugini sono spesso influenzate dalle norme culturali della società in cui il prodotto mediatico viene creato. Nei film e nelle serie televisive occidentali, le relazioni tra cugini sono raramente trattate in modo positivo, spesso dipinte come inusuali o problematiche. In altre culture, le rappresentazioni possono essere più neutre o addirittura favorevoli, riflettendo l'accettazione di tali unioni nella società.

In questo capitolo, abbiamo esplorato il tabù dell'incesto tra cugini, una questione che varia notevolmente a seconda del contesto culturale e legale. Mentre i rischi genetici associati sono moderati, le percezioni e le leggi che regolano queste unioni mostrano quanto diversificata possa essere la risposta umana a temi complessi come quello dell'incesto.

22: Sessualità in Età Avanzata

La sessualità in età avanzata è un argomento spesso trascurato e avvolto da numerosi miti e pregiudizi. In questo capitolo, esploreremo la realtà della vita sessuale degli anziani, analizzando le sfide che affrontano, i preconcetti che li circondano, e come la cultura popolare rappresenta e influenza la percezione della loro sessualità.

Miti sulla Sessualità Anziana

Uno dei miti più persistenti è che la sessualità si affievolisca o diventi irrilevante con l'avanzare dell'età. Questo pregiudizio si basa su una visione giovanilistica della sessualità, in cui il desiderio e l'intimità sono considerati appannaggio esclusivo delle persone giovani. Tuttavia, numerosi studi hanno dimostrato che molte persone mantengono un forte interesse per la sessualità anche in età avanzata. Per alcuni, l'età porta un senso di libertà e di connessione emotiva che arricchisce l'esperienza sessuale.

Un altro mito diffuso è che gli anziani non siano fisicamente in grado di avere rapporti sessuali. Sebbene l'invecchiamento possa portare a cambiamenti fisiologici, ciò non significa che la sessualità debba scomparire. La medicina moderna offre diverse soluzioni per affrontare le difficoltà fisiche legate all'età, come la disfunzione erettile o la secchezza vaginale, permettendo agli anziani di continuare a godere di una vita sessuale appagante.

Sfide e Barriere

Nonostante l'interesse e il desiderio, gli anziani affrontano numerose sfide e barriere che possono ostacolare la loro vita sessuale. Tra queste, le condizioni di salute croniche, come il diabete, le malattie cardiache o l'artrite, possono limitare l'attività sessuale. Anche i cambiamenti ormonali, come la menopausa nelle donne, possono influenzare il desiderio e la risposta sessuale.

Le barriere sociali e culturali sono altrettanto significative. La società spesso ignora o minimizza la sessualità degli anziani, contribuendo a creare un senso di vergogna o inadeguatezza. Le persone anziane possono sentirsi giudicate o ridicolizzate per esprimere desideri sessuali, portando a un'autocensura o a una riduzione delle loro aspettative sessuali.

Inoltre, la mancanza di privacy in alcune strutture per anziani può rappresentare un ulteriore ostacolo. Le case di riposo e altre strutture assistenziali spesso non considerano adeguatamente le esigenze sessuali dei loro ospiti, privandoli di spazi sicuri e privati per l'intimità.

Rappresentazione nei Media e Cultura

La rappresentazione della sessualità anziana nei media e nella cultura popolare è stata storicamente scarsa e, quando presente, spesso distorta. Gli anziani sono raramente mostrati come individui sessualmente attivi, e quando lo sono, vengono spesso ridicolizzati o considerati fuori luogo. Questa mancanza di rappresentazione contribuisce a perpetuare i miti e i pregiudizi esistenti, rafforzando l'idea che la sessualità sia prerogativa dei giovani.

Tuttavia, negli ultimi anni, ci sono stati cambiamenti positivi. Film, serie televisive e letteratura hanno iniziato a esplorare la sessualità in età avanzata in modo più rispettoso e realistico. Produzioni come **The Best Exotic Marigold Hotel** e serie come **Grace and Frankie** hanno contribuito a normalizzare l'idea che gli anziani possano vivere una vita sessuale attiva e soddisfacente.

In questo capitolo, abbiamo esaminato la sessualità in età avanzata, sfatando i miti comuni e riconoscendo le sfide che gli anziani devono affrontare. La società ha ancora molta strada da fare per accettare e valorizzare la sessualità degli anziani, ma la crescente rappresentazione nei media offre una speranza per un futuro in cui la sessualità non sia limitata dall'età.

23: Sessualità e Tecnologia

Sessualità Virtuale e Realtà Aumentata

La tecnologia ha trasformato radicalmente il modo in cui viviamo e sperimentiamo la sessualità. La realtà virtuale (VR) e la realtà aumentata (AR) rappresentano le frontiere più avanzate in questo campo, permettendo esperienze immersive che sfidano i confini tra il reale e il virtuale. Con l'uso della VR, gli individui possono esplorare ambienti sessuali simulati, interagire con avatar realistici, e sperimentare fantasie in modi precedentemente impossibili. La AR, d'altra parte, permette di sovrapporre elementi digitali al mondo reale, offrendo nuove modalità di interazione sessuale.

Il cybersex, che include chat erotiche, videochiamate, e l'uso di dispositivi teledildonici (giocattoli sessuali controllati a distanza), rappresenta un altro aspetto importante di questa evoluzione tecnologica. Queste pratiche offrono nuove opportunità per le persone di connettersi e soddisfare le proprie esigenze sessuali, anche a distanza. Tuttavia, sollevano anche interrogativi su come la sessualità umana possa cambiare in un mondo sempre più digitalizzato, e se queste nuove modalità di interazione possano sostituire o arricchire le esperienze sessuali tradizionali.

Intelligenza Artificiale e Relazioni Sessuali

L'intelligenza artificiale (AI) sta iniziando a giocare un ruolo significativo nelle relazioni sessuali e romantiche. Robot dotati di AI sono progettati per fornire compagnia e soddisfazione sessuale, con capacità che vanno dall'interazione conversazionale alla simulazione di affetto e intimità. Questi robot sessuali stanno diventando sempre più sofisticati, offrendo esperienze personalizzate che rispondono ai desideri specifici degli utenti.

Questa evoluzione solleva importanti questioni etiche e sociali. È possibile che le relazioni con AI possano soddisfare bisogni emotivi e fisici in modi che le relazioni umane non possono? O, al contrario, queste relazioni potrebbero isolare ulteriormente gli individui, riducendo la necessità di connessioni umane autentiche? Inoltre, l'uso di AI nel contesto sessuale solleva interrogativi su consenso, controllo e la capacità di queste entità artificiali di "scegliere" o "desiderare" in maniera autonoma.

Privacy e Sicurezza Sessuale Online

Con l'aumento delle interazioni sessuali digitali, la privacy e la sicurezza sessuale online sono diventate preoccupazioni centrali. La natura intima di queste interazioni rende gli individui particolarmente vulnerabili a violazioni della privacy, come il furto di dati, il revenge porn, e altre forme di abuso online. Proteggere la privacy sessuale online è cruciale, non solo per salvaguardare la dignità e la sicurezza personale, ma anche per garantire che le persone possano esplorare la propria sessualità in modo sicuro e senza timore di ripercussioni.

Le problematiche di sicurezza riguardano anche la protezione dei dati personali e sensibili, come le preferenze sessuali, i comportamenti online, e le comunicazioni intime. La crittografia, le leggi sulla privacy dei dati, e l'educazione degli utenti sono strumenti fondamentali per affrontare queste sfide. Tuttavia, con l'evoluzione costante della tecnologia, rimane una corsa continua per bilanciare innovazione e protezione dei diritti individuali.

Questa parte del libro esplora quindi come la tecnologia stia ridefinendo la sessualità, creando nuove opportunità ma anche nuove sfide. La comprensione di queste dinamiche è fondamentale per affrontare i complessi interrogativi etici, sociali e legali che emergono in un mondo sempre più interconnesso e tecnologicamente avanzato.

24: Parafilie Estreme

Coprofagia e Urofagia

Coprofagia e urofagia sono tra le parafilie più estreme e controverse, caratterizzate rispettivamente dall'attrazione per il consumo di feci e di urina. Questi comportamenti, considerati tabù nella maggior parte delle società, sollevano forti reazioni emotive e morali, nonché interrogativi sulla natura delle preferenze sessuali estreme.

Le motivazioni psicologiche dietro queste pratiche possono variare ampiamente. Alcuni individui trovano in queste pratiche un'esperienza di totale sottomissione o un modo per sfidare i limiti sociali e personali. Per altri, potrebbe essere parte di un più ampio schema di controllo e dominazione all'interno di dinamiche relazionali specifiche, come quelle che si verificano nel contesto del BDSM estremo.

Dal punto di vista sociale, coprofagia e urofagia sono spesso stigmatizzate, viste come segnali di devianza o disturbo mentale. Tuttavia, è importante notare che, sebbene questi comportamenti siano estremi, non necessariamente indicano patologia se praticati consensualmente tra adulti. Le reazioni sociali a queste pratiche sono fortemente influenzate da norme culturali e morali che definiscono ciò che è considerato accettabile o aberrante in campo sessuale.

Somnofilia e Altre Parafilie Raramente Discusse

La somnofilia, caratterizzata dall'attrazione sessuale verso persone addormentate o inconsapevoli, è un'altra parafilia rara e poco discussa. A differenza delle parafilie più conosciute, la somnofilia coinvolge dinamiche di potere particolarmente delicate, poiché l'oggetto del desiderio è spesso privo di coscienza o incapacità di dare il consenso. Questo solleva questioni etiche cruciali, specialmente riguardo al rispetto dell'autonomia e del consenso dell'altro.

Esistono altre parafilie estremamente rare e altrettanto complesse, che spesso rimangono ai margini del dibattito pubblico e scientifico a causa della loro natura controversa. Queste includono comportamenti come la necrofilia (attrazione per i cadaveri), la emetofilia (attrazione per il vomito), e la stigmatofilia (attrazione per le persone con cicatrici o tatuaggi). Ciascuna di queste parafilie comporta implicazioni etiche e legali uniche, soprattutto quando il coinvolgimento del consenso è messo in discussione.

L'analisi di queste parafilie raramente discusse richiede un approccio sensibile e informato, che consideri non solo le motivazioni psicologiche degli individui coinvolti, ma anche l'impatto sociale e le sfide legali che ne derivano. Mentre alcune di queste pratiche possono essere esplorate all'interno di dinamiche consensuali, altre pongono rischi significativi per il benessere degli individui coinvolti e per l'ordine sociale.

Questa sezione del libro si propone di affrontare temi che sono spesso evitati o trattati con superficialità a causa della loro natura estrema. Attraverso un'analisi approfondita, si mira a comprendere meglio le motivazioni dietro queste parafilie e a esplorare le complesse intersezioni tra psicologia, etica e società.

25: Sessualità e Identità di Genere

Tabù Sull'Identità di Genere

La non conformità di genere e la sessualità delle persone transgender e non binarie rimangono tra i tabù più radicati nella società contemporanea. L'identità di genere, che si riferisce al senso intrinseco di una persona di essere uomo, donna, entrambi, nessuno, o in un'altra posizione lungo lo spettro di genere, sfida le rigide categorie binarie tradizionali.

Le persone transgender e non binarie affrontano spesso pregiudizi e discriminazioni, specialmente quando si tratta della loro sessualità. Il tabù qui è duplice: non solo le identità di genere non conformi sono spesso incomprese o stigmatizzate, ma anche la loro espressione sessuale è frequentemente vista attraverso una lente patologizzante o voyeuristica. Questi pregiudizi possono portare a una marginalizzazione sociale significativa, contribuendo a un ciclo di esclusione e invisibilità.

La rappresentazione mediatica e culturale di queste identità, quando presente, è spesso stereotipata o distorta, concentrandosi su aspetti sensazionalistici piuttosto che su una comprensione autentica delle esperienze di vita delle persone transgender e non binarie. Questo perpetua i tabù e rafforza le barriere che impediscono un vero dialogo su identità di genere e sessualità.

Disforia di Genere e Sessualità

La disforia di genere è una condizione in cui una persona sperimenta un forte disagio o sofferenza a causa della discrepanza tra il proprio genere assegnato alla nascita e la propria identità di genere. Questo disagio può influenzare profondamente la vita sessuale di una persona, rendendo la sessualità un'area complessa e spesso dolorosa.

Per molte persone transgender, il percorso verso l'affermazione di genere può comportare una ri-negoziazione della propria sessualità. La transizione può cambiare il modo in cui una persona vive e interpreta il proprio desiderio sessuale, il piacere e l'intimità. La disforia di genere può creare una distanza emotiva tra il corpo e l'identità sessuale, rendendo difficile per alcune persone accettare o godere della sessualità in modi che erano comuni prima della transizione.

D'altro canto, la transizione e l'affermazione della propria identità di genere possono anche portare a una maggiore comprensione e accettazione della propria sessualità. Alcune persone trovano nella transizione un modo per esplorare nuovi aspetti del proprio desiderio e delle proprie preferenze sessuali, scoprendo una sessualità più autentica e appagante.

Tuttavia, la società continua a presentare ostacoli significativi per le persone transgender e non binarie in termini di accesso a risorse educative e sanitarie che rispondano alle loro esigenze specifiche. Questi ostacoli, uniti ai tabù esistenti, possono limitare gravemente la capacità delle persone di esplorare e vivere pienamente la propria sessualità.

Questa sezione del libro si concentra su uno degli aspetti più attuali e dibattuti della sessualità moderna, offrendo una prospettiva critica sui tabù legati all'identità di genere e alla sessualità. L'obiettivo è promuovere una maggiore comprensione e accettazione delle diversità di genere e sessuali, contribuendo a demolire i pregiudizi che ancora oggi limitano la libertà e la dignità delle persone transgender e non binarie.

26: Sessualità e Potere

Tabù Sulle Relazioni di Potere Sessuale

Le relazioni di potere sessuale, dove esiste una marcata disuguaglianza di potere tra i partner, sono da tempo un argomento di dibattito sociale e morale. Queste dinamiche, spesso rappresentate nelle relazioni dominatore/sottomesso (D/s), sfidano le norme tradizionali di uguaglianza e reciprocità all'interno delle relazioni intime. Le relazioni D/s, che si trovano comunemente all'interno del contesto più ampio del BDSM (Bondage, Disciplina, Dominazione, Sottomissione, Sadismo e Masochismo), sono costruite su un consenso consapevole, in cui i partecipanti negoziano i limiti, le regole e i confini delle loro interazioni.

Nonostante il consenso, queste relazioni rimangono tabù per molte persone, in parte perché mettono in discussione i concetti convenzionali di autonomia e uguaglianza sessuale. Le dinamiche di dominazione e sottomissione possono sembrare, agli occhi di un osservatore esterno, riprodurre modelli di oppressione o abuso, anche quando tutte le parti coinvolte sono consenzienti e soddisfatte. Questo fraintendimento spesso porta a giudizi moralistici e a un rifiuto delle relazioni D/s come legittime espressioni della sessualità.

Socialmente, le relazioni di potere sessuale disuguale sono spesso stigmatizzate perché violano le norme culturali che promuovono l'uguaglianza come base per le relazioni sane. Tuttavia, per coloro che vi partecipano, queste relazioni possono offrire una profonda connessione emotiva e un senso di libertà nell'esplorare i propri desideri e confini personali. Il tabù, quindi, non è solo una questione di percezione sociale, ma anche una riflessione delle paure collettive verso ciò che sfida l'ordine normativo.

Sesso e Corruzione

Il sesso è stato storicamente utilizzato come strumento di potere e corruzione all'interno delle istituzioni, dalla politica alle imprese, dalla religione alla cultura popolare. Questa dinamica è visibile in situazioni in cui individui in posizioni di potere sfruttano il loro status per ottenere favori sessuali o per manipolare e controllare gli altri.

La corruzione sessuale può manifestarsi in vari modi, come gli scandali sessuali che coinvolgono figure pubbliche, dove il sesso diventa un mezzo per influenzare decisioni politiche o per ottenere vantaggi economici. Questo tipo di abuso di potere è spesso mascherato da dinamiche consensuali, ma in realtà è radicato in una profonda disparità di potere che mina l'autonomia e la dignità degli individui coinvolti.

Le relazioni sessuali in cui il potere viene usato per corrompere sono particolarmente tabù perché rappresentano una violazione della fiducia pubblica e della moralità istituzionale. Questi casi sollevano questioni etiche complesse riguardo alla responsabilità delle persone in posizioni di potere e alla vulnerabilità di coloro che si trovano in una posizione inferiore.

Culturalmente, il sesso come strumento di corruzione è un tema ampiamente esplorato nei media e nella letteratura, spesso con una miscela di fascino e repulsione. La narrativa di questi scandali riflette la continua tensione tra il desiderio e il potere, e il modo in cui la società cerca di bilanciare l'interesse pubblico con la privacy individuale.

Questa parte del libro affronta il complesso intreccio tra sessualità e potere, esplorando sia le relazioni consensuali di potere disuguale sia gli abusi del potere sessuale all'interno delle istituzioni. Mettendo in luce i tabù che circondano queste dinamiche, si mira a stimolare una riflessione critica su come il potere influenza le nostre percezioni e pratiche sessuali, e su come possiamo navigare queste relazioni in modo etico e consapevole.

27: Sessualità e Malattia

La relazione tra sessualità e malattia è un aspetto complesso e spesso trascurato della vita umana. Le malattie, sia mentali che fisiche, possono influenzare profondamente l'esperienza sessuale di un individuo, generando sfide uniche e contribuendo alla formazione di tabù e stigmi nella società. In questo capitolo, esploreremo come le malattie mentali e le malattie sessualmente trasmissibili (MST) impattano la sessualità, analizzando le difficoltà affrontate dalle persone colpite e i pregiudizi che ne derivano.

Sessualità e Malattie Mentali

Le malattie mentali, come la depressione, l'ansia, il disturbo bipolare, la schizofrenia e altri disturbi psicologici, possono avere un impatto significativo sulla sessualità di un individuo. Queste condizioni possono influenzare il desiderio sessuale, la funzione sessuale e la capacità di stabilire e mantenere relazioni intime sane.

Impatto delle Malattie Mentali sulla Sessualità

Le persone che soffrono di depressione spesso sperimentano una diminuzione del desiderio sessuale, nota come libido, e possono avere difficoltà a raggiungere l'eccitazione o l'orgasmo. L'ansia può portare a preoccupazioni eccessive riguardo alle prestazioni sessuali, causando disfunzioni erettili negli uomini e difficoltà di eccitazione nelle donne. I disturbi come la schizofrenia possono alterare la percezione della realtà, rendendo complessa l'interazione intima con un partner.

Inoltre, i farmaci utilizzati per trattare queste condizioni, come gli antidepressivi e gli antipsicotici, possono avere effetti collaterali che influenzano negativamente la funzione sessuale. Questo crea un circolo vizioso in cui la malattia mentale e il trattamento farmacologico contribuiscono entrambi a problematiche sessuali, influenzando ulteriormente il benessere emotivo e la qualità della vita dell'individuo.

Sfide nelle Relazioni e Prevenzione

Le persone con malattie mentali spesso affrontano difficoltà nel formare e mantenere relazioni intime. Lo stigma associato alle malattie mentali può portare all'isolamento sociale, riducendo le opportunità di interazione e connessione con potenziali partner. Inoltre, la mancanza di comprensione e supporto da parte dei partner può aggravare i sintomi della malattia e le problematiche sessuali correlate.

La mancanza di educazione sessuale specifica per le persone con malattie mentali contribuisce ulteriormente alle sfide che affrontano. Spesso, i programmi di educazione sessuale non affrontano adeguatamente le esigenze e le preoccupazioni uniche di queste persone, lasciandole senza le risorse necessarie per gestire la loro sessualità in modo sicuro e soddisfacente.

Pregiudizi e Stigma Sociale

Il pregiudizio contro le persone con malattie mentali è diffuso e può manifestarsi in vari modi, inclusa la percezione che queste persone siano incapaci di avere una vita sessuale normale o che siano pericolose per gli altri. Questi stereotipi negativi non solo sono infondati, ma contribuiscono anche a creare barriere che impediscono alle persone con malattie mentali di cercare e ricevere il supporto di cui hanno bisogno.

Lo stigma può anche portare a discriminazione nelle cure sanitarie, dove le preoccupazioni sessuali delle persone con malattie mentali vengono minimizzate o ignorate dai professionisti della salute. Questo impedisce una gestione efficace dei problemi sessuali e contribuisce a un senso di vergogna e isolamento.

Sessualità e Malattie Sessualmente Trasmissibili

Le malattie sessualmente trasmissibili (MST) rappresentano un altro importante tabù nella discussione sulla sessualità e la salute.

Le MST includono una varietà di infezioni come l'HIV/AIDS, la sifilide, la gonorrea, la clamidia e il papillomavirus umano (HPV), che possono avere conseguenze significative sulla salute fisica e mentale degli individui colpiti.

Impatto delle MST sulla Vita Sessuale

La diagnosi di una MST può avere un profondo impatto sulla vita sessuale di una persona. Oltre ai sintomi fisici, come dolore, disagio e complicazioni a lungo termine, le MST possono causare stress emotivo, ansia e depressione. Le persone affette possono sperimentare una diminuzione del desiderio sessuale e paura di trasmettere l'infezione ai partner, portando all'astensione o a difficoltà nelle relazioni intime.

Inoltre, alcune MST, come l'HIV, richiedono un trattamento e una gestione a lungo termine, influenzando la qualità della vita e la percezione di sé. La necessità di divulgare lo stato di salute ai partner sessuali può essere fonte di ansia e paura del rifiuto, contribuendo ulteriormente all'isolamento sociale.

Tabù e Stigma Associati alle MST

Le MST sono spesso circondate da forti tabù e stigmi sociali. Le persone con MST possono essere giudicate negativamente, considerate promiscue o irresponsabili, indipendentemente dalle circostanze che hanno portato all'infezione. Questo stigma può portare alla discriminazione sul lavoro, nell'assistenza sanitaria e nelle relazioni personali.

La vergogna associata alle MST può anche impedire alle persone di cercare diagnosi e trattamenti tempestivi, aumentando il rischio di complicazioni e la diffusione dell'infezione ad altri. La mancanza di educazione e consapevolezza contribuisce al perpetuarsi di miti e misconcezioni sulle MST, ostacolando gli sforzi di prevenzione e trattamento.

Educazione, Prevenzione e Supporto

Affrontare i tabù e lo stigma associati alle MST richiede un approccio multiplo che includa l'educazione sessuale completa, l'accesso ai servizi sanitari e il supporto psicologico. Programmi educativi che promuovono la consapevolezza sulle pratiche sessuali sicure, l'importanza del testaggio regolare e la riduzione dello stigma sono fondamentali per prevenire la diffusione delle MST.

Inoltre, fornire supporto emotivo e psicologico alle persone affette da MST è essenziale per aiutare loro a gestire l'impatto sulla loro vita sessuale e relazionale. Ciò include la creazione di spazi sicuri e non giudicanti dove possono discutere delle loro esperienze e ricevere informazioni accurate e supporto.

In questo capitolo, abbiamo esplorato come le malattie mentali e le malattie sessualmente trasmissibili influenzano la sessualità e come i tabù e lo stigma associati a queste condizioni contribuiscono a sfide significative per gli individui colpiti. Affrontare queste problematiche richiede un impegno collettivo verso l'educazione, la comprensione e la compassione, al fine di promuovere una società più inclusiva e consapevole dove tutti possano vivere la propria sessualità in modo sano e soddisfacente.

28: Sessualità e Minoranze Etniche

La sessualità è profondamente intrecciata con la cultura e l'identità etnica, e i tabù sessuali variano ampiamente tra diverse comunità. Nelle minoranze etniche, questi tabù possono essere influenzati da tradizioni ancestrali, credenze religiose, e l'interazione con culture dominanti. In questo capitolo, esploreremo i tabù sessuali nelle culture indigene e discuteremo l'intersezione tra sessualità e razza, analizzando come le percezioni della sessualità siano modellate dalle esperienze etniche.

Tabù Sessuali nelle Culture Indigene

Le culture indigene, con la loro ricchezza di tradizioni e pratiche, offrono una prospettiva unica sulla sessualità. I tabù sessuali in queste culture spesso riflettono una combinazione di credenze spirituali, norme sociali e rispetto per la comunità. Tuttavia, è importante riconoscere che esistono significative differenze tra le diverse culture indigene, e quindi i tabù sessuali possono variare notevolmente.

Sessualità e Spiritualità

In molte culture indigene, la sessualità è strettamente collegata alla spiritualità e alla connessione con la natura. Ad esempio, in alcune società indigene dell'Amazzonia, la sessualità è vista come un atto sacro che mantiene l'equilibrio con il mondo spirituale. Il rispetto per le forze naturali e per gli antenati può manifestarsi in tabù sessuali che regolano non solo i comportamenti sessuali, ma anche i momenti e i luoghi in cui l'attività sessuale è consentita.

In alcune culture, esistono rituali di iniziazione sessuale che segnano il passaggio dall'infanzia all'età adulta. Questi rituali, spesso circondati da segretezza, possono essere soggetti a tabù che vietano la discussione aperta della sessualità al di fuori di contesti rituali specifici. Tali pratiche sottolineano l'importanza della sessualità come parte integrante della vita sociale e spirituale della comunità.

Norme di Genere e Sessualità

Le norme di genere nelle culture indigene influenzano anche i tabù sessuali. In alcune comunità, ruoli di genere rigidi determinano chi può avere rapporti sessuali, con chi, e in quali circostanze. In altre, esistono tradizioni che riconoscono l'esistenza di persone con identità di genere non binarie o che svolgono ruoli di genere fluidi, come i due spiriti tra i popoli nativi del Nord America. Questi individui, spesso venerati per il loro ruolo speciale nella società, possono tuttavia essere soggetti a tabù sessuali particolari che regolano la loro vita intima.

Impatto del Colonialismo

L'influenza del colonialismo ha spesso avuto un impatto devastante sulle pratiche sessuali e sui tabù delle culture indigene. Le potenze coloniali hanno imposto norme sessuali occidentali, spesso di matrice cristiana, che hanno represso o demonizzato le pratiche sessuali indigene. Questa imposizione ha portato alla stigmatizzazione di alcune pratiche e alla perdita di tradizioni sessuali secolari. Tuttavia, molte comunità indigene stanno recuperando e rivitalizzando le loro pratiche sessuali tradizionali come parte di un più ampio movimento di resistenza culturale e di rivendicazione della propria identità.

Intersezione di Sessualità e Razza

La sessualità e la razza sono profondamente interconnesse, e le esperienze sessuali delle persone di minoranze etniche sono spesso modellate dalle dinamiche di potere razziali. Le percezioni della sessualità attraverso il prisma della razza possono variare notevolmente, influenzando come le persone vivono e comprendono la propria sessualità.

Esotizzazione e Feticismo

Uno degli aspetti più problematici dell'intersezione tra sessualità e razza è l'esotizzazione e il feticismo. Le persone di minoranze etniche, in particolare donne e persone di genere non conforme, possono essere oggetto di desiderio sessuale basato su stereotipi razziali. Ad esempio, le donne nere sono spesso ipersessualizzate nei media e nella cultura popolare, ridotte a oggetti di desiderio piuttosto che riconosciute come individui complessi con esperienze sessuali proprie. Questo feticismo riduce la loro sessualità a un'esperienza disumanizzante, basata su preconcetti razziali.

Allo stesso modo, gli uomini di minoranze etniche, come gli uomini asiatici, possono essere vittime di stereotipi che li ritraggono come asessuali o meno virili, influenzando negativamente la loro autostima e le loro esperienze relazionali. Questi stereotipi limitano le possibilità di espressione sessuale autentica e creano barriere nelle relazioni interpersonali.

Dinamiche di Potere e Sessualità

Le dinamiche di potere legate alla razza influiscono anche su come le persone di minoranze etniche sperimentano la sessualità. La storia della schiavitù, del colonialismo e della segregazione razziale ha lasciato un'eredità di violenza sessuale e oppressione che continua a influenzare le relazioni tra gruppi razziali diversi. Le persone di colore possono trovarsi in situazioni in cui il potere sessuale è asimmetrico, con la razza che gioca un ruolo chiave nel determinare chi ha il controllo in una relazione.

Queste dinamiche si manifestano anche in contesti più ampi, come nelle disparità nel trattamento delle persone di colore da parte delle forze dell'ordine in casi di crimini sessuali, o nelle risposte della società alle vittime di violenza sessuale appartenenti a minoranze etniche. La razza diventa un fattore determinante non solo nella percezione della sessualità, ma anche nell'accesso alla giustizia e al sostegno in casi di violenza sessuale.

Riscatto e Resistenza Culturale

Nonostante le sfide, molte persone di minoranze etniche stanno reclamando la propria sessualità e sfidando i tabù imposti dalla società dominante. Movimenti come il Black Sexuality Movement, il Queer Latinx Movement, e il reclaiming delle identità sessuali indigene, stanno ridefinendo cosa significa essere sessualmente attivi e consapevoli come persone di colore.

Questi movimenti non solo contestano gli stereotipi negativi, ma celebrano anche la diversità delle esperienze sessuali all'interno delle comunità etniche. Attraverso l'arte, la letteratura, l'attivismo e la comunità, le persone di minoranze etniche stanno creando spazi in cui possono esplorare e affermare la loro sessualità in modi che rispecchiano le loro identità culturali e personali.

In questa parte, abbiamo esaminato come i tabù sessuali nelle culture indigene e l'intersezione tra sessualità e razza modellano le esperienze delle persone di minoranze etniche. Comprendere queste dinamiche è essenziale per riconoscere l'importanza della diversità culturale nelle esperienze sessuali e per promuovere una società più inclusiva e rispettosa delle differenze.

29: Sessualità e Economia

La sessualità e l'economia sono strettamente interconnesse in modi complessi e spesso controversi. In questa parte del libro, esamineremo due dei temi più discussi e tabù in questo contesto: la prostituzione e l'industria della pornografia. Entrambi questi argomenti sollevano questioni cruciali riguardanti la legalità, l'etica e le norme sociali, e offrono un'opportunità per esplorare come la società gestisce il rapporto tra sesso, denaro e potere.

Prostituzione e Lavoro Sessuale

Esplorazione del Tabù del Lavoro Sessuale

La prostituzione e altre forme di lavoro sessuale sono tra i temi più polarizzanti nella discussione pubblica sulla sessualità. Spesso considerato un tabù, il lavoro sessuale è circondato da pregiudizi morali e da normative legali che variano notevolmente tra paesi e culture. Mentre alcune società tollerano o regolamentano il lavoro sessuale, altre lo criminalizzano completamente, spesso senza considerare le voci e le esperienze di coloro che sono coinvolti in questo settore.

Implicazioni Legali ed Etiche

Le implicazioni legali della prostituzione e del lavoro sessuale sono complesse e variano ampiamente. In alcuni paesi, come nei Paesi Bassi o in Germania, il lavoro sessuale è legalmente regolamentato, con l'obiettivo di proteggere i lavoratori e ridurre i rischi associati, come lo sfruttamento e la violenza. In altri paesi, come gli Stati Uniti (eccetto alcune zone del Nevada), la prostituzione è criminalizzata, e coloro che esercitano questa attività affrontano gravi rischi legali, oltre a stigma e discriminazione.

A livello etico, la discussione sul lavoro sessuale si divide spesso tra coloro che vedono la prostituzione come una forma di sfruttamento intrinsecamente dannosa e coloro che sostengono il diritto dei lavoratori sessuali a scegliere liberamente il proprio percorso lavorativo. Questo dibattito è complicato dalla realtà delle condizioni economiche, sociali e personali che possono influenzare la decisione di intraprendere il lavoro sessuale.

Prostituzione e Potere

Il lavoro sessuale solleva anche questioni di potere. In molte società, la prostituzione è associata a dinamiche di potere diseguali, in cui le lavoratrici e i lavoratori sessuali, spesso donne e persone appartenenti a minoranze etniche o sociali, sono soggetti a sfruttamento da parte di clienti, protettori e intermediari. La criminalizzazione del lavoro sessuale può esacerbare queste dinamiche, rendendo i lavoratori sessuali più vulnerabili a violenze e abusi.

Allo stesso tempo, vi è un crescente movimento per il riconoscimento dei diritti dei lavoratori sessuali, che chiede decriminalizzazione, protezione legale, e migliori condizioni di lavoro. Questo movimento sfida i tabù tradizionali sulla prostituzione, proponendo una visione in cui il lavoro sessuale è trattato come qualsiasi altra forma di lavoro, con diritti e dignità riconosciuti.

Pornografia e Mercato Sessuale

Industria della Pornografia: Impatto e Percezione Sociale

L'industria della pornografia è una delle più redditizie al mondo, ma è anche una delle più controverse. La pornografia è un altro argomento che sfida i confini dei tabù sessuali, essendo al centro di dibattiti su moralità, libertà di espressione, e impatto sociale. La percezione della pornografia varia notevolmente: alcuni la vedono come un'espressione legittima della sessualità, mentre altri la considerano dannosa, soprattutto per le sue rappresentazioni delle donne e delle relazioni sessuali.

Impatto Sociale della Pornografia

La pornografia ha un impatto significativo sulla società, in particolare sulla percezione della sessualità e delle relazioni. Uno degli aspetti più discussi è come la pornografia influenzi le aspettative sessuali, in particolare tra i giovani. La rappresentazione spesso distorta del sesso, del corpo umano e delle relazioni interpersonali può contribuire a creare idee irrealistiche e a perpetuare stereotipi di genere dannosi.

Inoltre, la pornografia è stata accusata di contribuire alla normalizzazione della violenza sessuale e del comportamento predatorio, con alcune forme di pornografia che presentano contenuti estremamente violenti o degradanti. Questo ha portato a un acceso dibattito su come regolamentare l'industria e proteggere i consumatori, soprattutto i minori, da contenuti potenzialmente dannosi.

Feticismo e Mercificazione della Sessualità

Un altro aspetto critico della pornografia è la sua mercificazione della sessualità. Il sesso viene venduto come prodotto, spesso in modo che riflette le fantasie e i desideri della società piuttosto che le esperienze sessuali reali. Questo può contribuire a una visione commerciale della sessualità, in cui il corpo umano e le relazioni intime sono trattati come beni di consumo.

Allo stesso tempo, l'industria della pornografia è incredibilmente diversificata, con una vasta gamma di contenuti che vanno dal mainstream al queer, dall'amatore all'alternativo. Alcuni segmenti dell'industria si concentrano sulla creazione di contenuti etici, che rispettano i diritti e il benessere dei performer e promuovono una visione più sana e inclusiva della sessualità.

Sfide Legali e Future Prospettive

La regolamentazione della pornografia è un argomento controverso. Mentre alcuni paesi hanno leggi rigorose che limitano la produzione e la distribuzione di contenuti pornografici, altri adottano un approccio più liberale, che riconosce la pornografia come parte del diritto alla libertà di espressione. Tuttavia, con l'aumento della pornografia su Internet e l'accesso facilitato attraverso le tecnologie digitali, la sfida della regolamentazione diventa ancora più complessa.

In futuro, sarà cruciale affrontare le questioni legali ed etiche sollevate dalla pornografia e dal lavoro sessuale in modo che rispetti la dignità e i diritti di tutti gli individui coinvolti. Le discussioni dovranno includere voci diverse, comprese quelle dei lavoratori del settore, dei consumatori e degli attivisti, per trovare un equilibrio tra libertà individuale, protezione contro lo sfruttamento e responsabilità sociale.

In questa parte, abbiamo esplorato i complessi legami tra sessualità ed economia, concentrandoci su due temi principali: la prostituzione e il lavoro sessuale, e l'industria della pornografia. Entrambi questi argomenti rivelano come il denaro, il potere e la sessualità si intrecciano in modi che sfidano i tabù tradizionali e sollevano importanti questioni legali, etiche e sociali.

Conclusione

Nel corso di questo libro, abbiamo intrapreso un viaggio attraverso i molteplici e complessi tabù sessuali che pervadono le società moderne e le culture del passato. Ogni capitolo ha esplorato una dimensione diversa della sessualità, mettendo in discussione norme, pregiudizi e leggi che regolano ciò che è considerato accettabile o proibito. Attraverso l'analisi di temi che spaziano dall'incesto al poliamore, dal BDSM alle parafilie, dalla sessualità in età avanzata all'intersezione tra sessualità e identità di genere, abbiamo cercato di illuminare le aree più oscure e meno discusse della sessualità umana.

Abbiamo ulteriormente ampliato la nostra esplorazione includendo temi come la sessualità e l'economia, la tecnologia, la necrofilia, e la sessualità nelle minoranze etniche. Abbiamo visto come la prostituzione e il lavoro sessuale, così come l'industria della pornografia, siano influenzati dalle dinamiche di potere e dalle norme economiche. Abbiamo affrontato le sfide legali e etiche poste dalla sessualità digitale e dalle relazioni con intelligenze artificiali, nonché i tabù sessuali specifici delle culture indigene e delle minoranze etniche.

Questa trattazione ci ha portato a confrontarci con le questioni legate alla sessualità delle persone con disabilità, alle relazioni con grandi differenze di età, e alle implicazioni della sessualità nella malattia e nella malattia mentale. Inoltre, l'analisi del sesso come strumento di potere e corruzione, e delle complesse dinamiche di consenso e potere nelle relazioni non convenzionali, ci ha spinto a considerare la sessualità non solo come un'esperienza personale, ma anche come un fenomeno sociale e politico.

Il libro ha tentato di demistificare molti dei miti e delle paure che circondano questi tabù sessuali, offrendo una prospettiva che combina storia, psicologia, biologia, legge e cultura. Abbiamo visto come i tabù sessuali non siano statici, ma si evolvano nel tempo, riflettendo cambiamenti sociali, tecnologici e culturali. Abbiamo anche discusso delle tensioni tra libertà sessuale e norme religiose, tra diritti individuali e sicurezza collettiva, e tra la privacy personale e la regolamentazione statale.

Nel futuro, sarà fondamentale continuare a esplorare e discutere questi temi con mente aperta e con un approccio basato sul rispetto dei diritti umani. Le sfide poste dalla sessualità umana non possono essere risolte con semplici risposte o rigide imposizioni morali. Piuttosto, richiedono un dialogo continuo e inclusivo che consideri la diversità delle esperienze umane e la complessità delle relazioni personali.

Questo libro non pretende di avere tutte le risposte, ma speriamo che abbia contribuito a stimolare il pensiero critico e ad aprire nuove prospettive su temi che sono troppo spesso ignorati o stigmatizzati. La sessualità è una parte intrinseca dell'essere umano, e comprenderne le molteplici sfaccettature è essenziale per costruire una società più giusta, inclusiva e rispettosa delle diversità.

Riflessioni finali

Lungo questo viaggio attraverso la libertà personale, il controllo sociale, e le tensioni che sorgono quando i due si scontrano, abbiamo esplorato una serie di argomenti che toccano profondamente l'essenza della condizione umana. Abbiamo visto come la libertà individuale, pur essendo un diritto fondamentale e inalienabile, è spesso limitata da norme sociali, leggi e convenzioni che cercano di preservare l'ordine e la coesione sociale. Allo stesso tempo, abbiamo esaminato le critiche a queste restrizioni, evidenziando come, in molti casi, esse possano essere strumenti di controllo e dominio, piuttosto che di protezione.

Le storie e i casi studio che abbiamo discusso mostrano come, in diverse epoche e contesti, persone coraggiose abbiano sfidato le convenzioni sociali per affermare il proprio diritto di vivere secondo le proprie scelte. Queste vicende non sono solo testimonianze di resistenza, ma anche potenti richiami all'importanza della libertà e della dignità umana. Esse ci ricordano che il progresso sociale spesso richiede di mettere in discussione le norme esistenti e di lottare per una maggiore giustizia e inclusività.

Guardando al futuro, abbiamo esplorato visioni alternative di società in cui le libertà personali sono maggiormente rispettate, e abbiamo considerato come il dibattito sulla libertà e il controllo sociale potrebbe evolversi. Questi modelli e riflessioni ci offrono una visione di speranza, un mondo in cui ogni individuo possa vivere in armonia con le proprie scelte e identità, senza paura di repressione o discriminazione.

Tuttavia, il cammino verso una società più libera e giusta non è semplice né lineare. Richiede un impegno continuo da parte di tutti noi per difendere i diritti fondamentali, promuovere la tolleranza, e costruire ponti tra diverse visioni del mondo. Questo libro invita i lettori a riflettere sulle proprie convinzioni riguardo alla libertà, alle norme sociali e al ruolo dello Stato, incoraggiandoli a pensare criticamente e a partecipare attivamente al dibattito su questi temi cruciali.

In conclusione, la libertà personale e il controllo sociale sono due facce della stessa medaglia, intrecciate in un equilibrio delicato che definisce la nostra esperienza umana. Mentre continuiamo a navigare in questo complesso paesaggio, è essenziale ricordare che la lotta per la libertà non è mai completamente vinta, ma è una ricerca continua per un futuro in cui tutti possano vivere secondo le proprie scelte e aspirazioni. Con una maggiore comprensione, empatia e rispetto reciproco, possiamo lavorare insieme per costruire una società più giusta, inclusiva e libera per tutti.

Appendici

Riferimenti e Letture Consigliate

Per chi desidera approfondire ulteriormente i temi trattati in questo libro, ecco una selezione di testi e risorse che esplorano le questioni della libertà personale, del controllo sociale, della sessualità, e dei tabù culturali da diverse prospettive storiche, filosofiche e sociologiche.

1. Sessualità e Tabù

- Foucault, M. (1976). *La volontà di sapere*. Feltrinelli Editore.

- Freud, S. (1905). *Tre saggi sulla teoria sessuale*. Bollati Boringhieri.

- Butler, J. (1990). *Gender Trouble: Feminism and the Subversion of Identity*. Routledge.

2. Antropologia dei Tabù Sessuali

- Lévi-Strauss, C. (1949). *Le strutture elementari della parentela*. Feltrinelli.

- Malinowski, B. (1929). *La sessualità e la repressione nella società primitiva*. Laterza.

- Mead, M. (1935). *Sesso e temperamento in tre società primitive*. Il Saggiatore.

3. Diritto e Legislazione

- Posner, R. A. (1992). *Sex and Reason*. Harvard University Press.

- Nussbaum, M. C. (1999). *Sex and Social Justice*. Oxford University Press.

- Graupner, H., & Bullough, V. L. (2004). *Adolescence, Sexuality, and the Criminal Law: Multidisciplinary Perspectives*. Routledge.

4. Psicologia e Psicoanalisi

- Jung, C. G. (1912). *La libido: Simboli e trasformazioni*. Bollati Boringhieri.

- Laing, R. D. (1960). *L'Io diviso*. Feltrinelli.

- Masters, W. H., & Johnson, V. E. (1966). *Human Sexual Response*. Little, Brown and Company.

5. **Sessualità e Identità di Genere**

- Butler, J. (2004). *Undoing Gender*. Routledge.

- Bornstein, K. (1994). *Gender Outlaw: On Men, Women, and the Rest of Us*. Vintage Books.

- Stryker, S. (2008). *Transgender History*. Seal Press.

6. **Sessualità e Disabilità**

- Shakespeare, T. (2000). *Disability Rights and Wrongs*. Routledge.

- Tepper, M. S. (2000). *Sexuality and Disability*. Springer.

7. **Sessualità e Religione**

- Brown, P. (1988). *The Body and Society: Men, Women, and Sexual Renunciation in Early Christianity*. Columbia University Press.

- Pagels, E. (1988). *Adam, Eve, and the Serpent*. Vintage Books.

- Phipps, W. E. (1988). *Genesis and Gender: Biblical Myths of Sexuality and Their Cultural Impact*. Praeger Publishers.

8. Sessualità e Tecnologia

- Turkle, S. (2011). *Alone Together: Why We Expect More from Technology and Less from Each Other*. Basic Books.

- Levy, D. (2007). *Love and Sex with Robots*. HarperCollins.

- Döring, N. M. (2017). *The Internet's Impact on Sexuality: A Critical Review of 15 Years of Research*. Computers in Human Behavior.

9. Sessualità e Economia

- Agustín, L. M. (2007). *Sex at the Margins: Migration, Labour Markets and the Rescue Industry*. Zed Books.

- McNair, B. (2013). *Pornography: A Critical Introduction*. Routledge.

- Bernstein, E. (2007). *Temporarily Yours: Intimacy, Authenticity, and the Commerce of Sex*. University of Chicago Press.

10. Rappresentazione della Sessualità nei Media

- Williams, L. (1989). *Hard Core: Power, Pleasure, and the "Frenzy of the Visible"*. University of California Press.

- Barker, M., & Gill, R. (2011). *Media and the Rhetoric of Body Perfection: Cosmetic Surgery, Weight Loss, and Beauty*. Routledge.

- Gerbner, G. et al. (1986). *Living with Television: The Dynamics of the Cultivation Process*. Erlbaum.

11. **Feticismi e Parafilie**

- Krueger, R. B. (2009). *Paraphilias: The Lust That Leaves a Man to Ruin*. Routledge.

- Money, J. (1988). *Lovemaps: Clinical Concepts of Sexual/Erotic Health and Pathology, Paraphilia, and Gender Transposition in Childhood, Adolescence, and Maturity*. Irvington Publishers.

- Moser, C., & Kleinplatz, P. J. (2006). *DSM-IV-TR and the Paraphilias: An Argument for Removal*. Routledge.

12. **Sessualità e Potere**

- MacKinnon, C. A. (1989). *Toward a Feminist Theory of the State*. Harvard University Press.

- Foucault, M. (1975). *Sorvegliare e punire*. Einaudi.

- Kipnis, L. (2003). *Against Love: A Polemic*. Pantheon Books.

Questa raccolta di testi e risorse mira a fornire una base per ulteriori studi e riflessioni sui temi complessi e sfaccettati della sessualità e dei tabù che la circondano. La selezione include opere classiche e contemporanee che coprono una vasta gamma di prospettive disciplinari, offrendo ai lettori gli strumenti necessari per approfondire la loro comprensione e per continuare la discussione critica su questi argomenti.

Filosofia della libertà personale e dell'autonomia individuale

John Stuart Mill, *Sulla libertà* (1859)

 Un classico della filosofia liberale, questo saggio esplora i confini tra l'autorità sociale e la libertà individuale, argomentando a favore della massima libertà possibile per l'individuo, purché non danneggi altri.

Robert Nozick, *Anarchia, Stato e Utopia* (1974)

 Un testo fondamentale per il libertarianismo, in cui l'autore discute i limiti dell'intervento statale e l'importanza di rispettare i diritti individuali.

Isaiah Berlin, *Due concetti di libertà* (1958)

Berlin introduce la distinzione tra libertà positiva e libertà negativa, fornendo una cornice concettuale per comprendere le diverse interpretazioni della libertà.

Psicologia e sessualità

Sigmund Freud, *Totem e tabù* (1913)

In questo testo, Freud esplora le origini dei tabù, compreso quello dell'incesto, collegandoli ai meccanismi fondamentali della psiche umana.

Jessica Benjamin, *I legami d'amore: psicoanalisi, femminismo e il problema del dominio* (1988)

Un'analisi psicoanalitica e femminista delle dinamiche di potere nelle relazioni intime, che tocca anche il tema dell'incesto e della famiglia.

Judith Butler, *Corpi che contano: i limiti discorsivi del sesso* (1993)

Butler esplora la costruzione sociale della sessualità e del genere, interrogando i limiti imposti dalle norme sociali sulle identità sessuali.

Sociologia e controllo sociale

Michel Foucault, *Sorvegliare e punire: nascita della prigione* (1975)

Un'analisi storica e filosofica del sistema penale e delle forme di controllo sociale, utile per comprendere come le norme sessuali sono state utilizzate per mantenere l'ordine.

Norbert Elias, *Il processo di civilizzazione* (1939)

Elias esplora lo sviluppo delle norme sociali e il modo in cui la civilizzazione ha modellato le relazioni umane, comprese quelle sessuali.

Georg Simmel, *La metropoli e la vita dello spirito* (1903)

Simmel discute le dinamiche sociali nelle grandi città, dove le norme tradizionali sono spesso messe in discussione, offrendo spunti su come i tabù si trasformano in contesti diversi.

Tabù e morale

Mary Douglas, *Purity and Danger: An Analysis of Concepts of Pollution and Taboo* (1966)

Un classico antropologico che esplora come i tabù si formano e funzionano nelle società, con particolare attenzione alle idee di purezza e contaminazione.

Claude Lévi-Strauss, *Le strutture elementari della parentela* (1949)

Un'analisi antropologica delle relazioni familiari e dei sistemi di parentela, che include una discussione dettagliata sull'incesto come tabù universale.

René Girard, *La violenza e il sacro* (1972)

Girard esplora il ruolo della violenza e del sacrificio nei riti religiosi, collegandoli alla formazione dei tabù e delle norme sociali, tra cui quello dell'incesto.

Studi legali e etici

Ronald Dworkin, *Taking Rights Seriously* (1977)

Dworkin esplora il concetto di diritti individuali e il ruolo delle leggi nel bilanciare la libertà personale e la necessità di proteggere la società.

Martha Nussbaum, *Hiding from Humanity: Disgust, Shame, and the Law* (2004)

Nussbaum esamina come le emozioni di disgusto e vergogna influenzano la legge, con particolare riferimento ai tabù sessuali.

Catherine MacKinnon, *Feminism Unmodified: Discourses on Life and Law* (1987)

Un'analisi femminista delle leggi e delle norme sociali, con una critica alla maniera in cui il potere e il controllo vengono esercitati attraverso il diritto.

Questi testi offrono una base solida per comprendere meglio le dinamiche che circondano il tabù dell'incesto, la libertà personale, e il controllo sociale. Ciascuno di essi fornisce un contributo unico al dibattito, aiutando a costruire una visione più completa e critica dei temi trattati nel libro.

www.ingramcontent.com/pod-product-compliance
Lightning Source LLC
Chambersburg PA
CBHW081547250726
48653CB00009B/3306